中华古村落

上海 江苏卷

顾问 陈志华

主编 李秋香 李玉祥

雍振华 著

江蘇鳳凰教育出版社
Phoenix Education Publishing, Ltd

顾　问

陈志华

主　编

李秋香

李玉祥

编　委（按照姓氏笔画排序）

王瑞书

李玉祥

李秋香

吴　宁

吴正光

陆　琦

陈志华

周　晨

顾华明

戴志坚

主摄影

李玉祥

总序

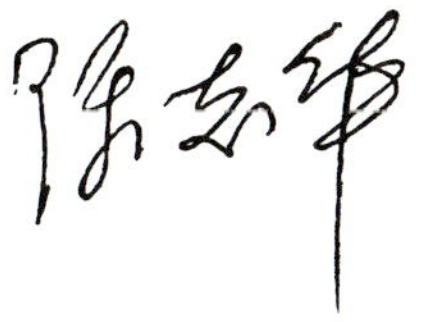

中国有着非常漫长的自然农业历史，传统的中华文明，基本上是农业文明。农业文明的基础是乡村的社会生活。在广阔的乡土社会里，以农民为主，加上小手工业者、小商贩、在乡知识分子和少数退休还乡的官吏，一起创造了像海洋般深厚瑰丽的乡土文化。比起庙堂文化、士大夫文化和市井文化来，乡土文化是绝大多数人创造的文化，为绝大多数人服务。乡土文化依赖于土地，是一种地域性文化，它不像庙堂文化、士大夫文化和市井文化那样有强烈的趋同性，它千变万化，更丰富多彩，是中华民族文化遗产中还没有被充分开发的宝藏。没有乡土文化的中国文化史是残缺不全的，不研究乡土文化就不能真正了解我们这个民族。

乡土建筑是乡土生活的舞台和物质环境，它是乡土文化最普遍存在的、信息含量最大的组成部分。它的综合度最高，紧密联系着许多其他乡土文化要素，甚或是它们的重要载体。不研究乡土建筑就不能完整地认识乡土文化，甚至可以说，乡土建筑研究是乡土文化系统研究的基础。

乡土建筑当然也是中国传统建筑最朴实、最率真、最生活化、最富有人情味的一部分，不仅有很高的历史文化价值，对建筑工作者来说，还可能有一些直接的借鉴价值。没有乡土建筑的中国建筑史是残缺不全的。

有一个漫长的历史时期，中国的经济、文化中心在农村。农村里建筑品类之多样胜过一般的城市，连书院、藏书楼、寺庙也大多在农村，更不必提路亭、磨坊、水碓、畜舍之类的了。雕梁画栋、琐窗朱户也并不次于城里。但是，乡土建筑优秀遗产的价值还远远没有被正确而充分地认识。一个物种的灭绝是巨大的损失，一种文化的灭绝岂不是更大的损失？大熊猫、金丝猴的保护已经是全人类关注的大事，我们的乡土建筑却正在以极快的速度、极大的规模被破坏着，我们正无可奈何地失去它们。

我们无力回天，但我们决心用全部的精力立即抢救性地做些乡土建筑的研究工作。

我们的乡土建筑研究从聚落下手。这是因为，绝大多数的乡民生活在特定的封建宗法制的社区中，所以，乡土建筑的基本存在方式是形成聚落。作为与乡民们社会生活的各个侧面相对应的物质条件，聚落中的乡土建筑包含着许多种类，有居住建筑，有礼制建筑，有寺庙建筑，有商业建筑，有公益建筑，也有文教建筑，等等。当然更有农业、手工业所必须的建筑，例如磨坊、水碓、染房、畜舍、粮仓之类。几乎每一类建筑都构成一个或大或小的系统。例如宗庙，有总祠、房祠、支祠、香火堂和祖屋；例如文教建筑，有家塾、义塾、书院、文昌（奎星）阁、文峰塔、进士牌楼、功名桅杆、戏台；生产性建筑则有陶瓷窑、抄纸作坊、竹木店、染坊、铁匠铺、油榨坊等等。这些建筑系统在聚落中形成一个有机的大系统，这个大系统规定着聚落的结构，使它成为功能完备的整体，满足一定社会历史条件下乡民们物质的和精神的生活需求，以及社会的制度性需求。打个比方，聚落好像物质的分子，分子是具备了某种物质的全部性质的最小的单元，聚落就是社会的这种最小单元。我们以完整的聚落作为研究乡土建筑的对象。这个研究目标本身规定了研究的基本方法，即以田野调查为主，结合文献考查。

乡土生活赋予乡土建筑丰富的文化内涵，我们力求把乡土建筑与乡土生活联系起来研究，因此便是把乡土建筑当作乡土文化的基本部分来研究。聚落的建筑大系统是一个有机整体，我们力求把研究的重点放在聚落的整体上，放在各种建筑与整体的关系及它们之间的相互关系上，放在聚落整体及它们的各个部分与自然环境和历史环境的关系上。乡土文化不是孤立的，它参与形成庙堂文化、士大夫文化、市井文化的共同基础，和它们都有千丝万缕的关系。乡土生活不是完全封闭的，它与一个历史时代整个社会的各个生活领域也有千丝万缕的关系。我们力求在这些关系中研究乡土建筑。例如，明代初年“九边”的乡土建筑随军事形势的张弛而变化，明代末年江南和晋中的乡土建筑随着商品经济的发展而有很大的变化等等。聚落是在比较长的时期里定型的，这个发展过程蕴含着丰富的历史文化内容，我们也希望有足够的资料可以让我们对聚落做动态的研究。总之，我们的研究方法综合了建筑学的、历史学的、民俗学的、社会学的、文化人类学的各种方法。方法的综合性是由乡土社会和建筑固有的复杂性与外部联系的多方位性决定的。

因为我们的研究是抢救性的，所以我们不选已经名闻天下的聚落作为研究课题，而去发掘一些默默无闻但很有历史价值的聚落。这样的选题很难：聚落要发育得成熟一些，建筑类型比较完全，建筑质量好，有家谱、碑铭之类的文献资料。当然聚落最好还保存得相当完整，老的没有太大的损坏，新的又没有太多的增加。从系列化的研究来说，更希望聚落在各个层次上都有类型性的变化：有纯农业村，有手工业村，有从农业向商业、手工业转化的村；有窑洞村，有雕梁画栋的村；有山头村，有河边村；有马头墙参差的，也有吊脚楼错落的；还有不同地区不同民族的，等等。这样才能一步步接近中国乡土建筑的全貌，虽然这个路程非常漫长。选题的时候，要区分各个层次上的类别和性质，我们使用了细致的比较法，就是要找出各个聚落的特征性因子，这些因子相互之间要有可比性，要在聚落内部有特殊性，要在类型之间或类型内部有普遍性。我们不仅尽可能选取不同的角度和重点，还力求写出每个聚落的特殊性，而不是去把它纳入一般化的模子里。只有写出每个题材的特殊性，才能多少写出一点点中国乡土建筑的丰富性和多样性。所以，挖掘题材的特殊性，是我们着手研究的切入点，必须下比较大的工夫。类型性和个体性的挖掘，也都要靠细致运用比较的方法。

虽然我们只能从汪洋大海中取得一勺水，这勺水毕竟带着海洋的全部滋味。希望我们的书能够引起读者们对乡土建筑的兴趣，有更多的人乐于来研究它们，进而能有选择地保护其中最有价值的一部分，使它们免被彻底毁灭。

2013年夏日

目录

概述

村落是一种十分古老的人类聚居场所，它的形成可追溯到遥远的上古时期。当人们以种植替代采撷、以养殖替代狩猎，农耕开始成为其主要的生产方式之后，村落就开始陆续出现。由于村庄的产生缘于人们的生存需要，所以良好的自然环境与气候条件往往是先民们定居、繁衍生息的先决条件。

一、自然环境

上海与江苏毗邻，地处我国东部，长江、淮河流经域内，注入大海，因而造就了广袤的冲积平原。这里土地肥沃、水源充沛。而濒临大海以及地处暖温带向亚热带过渡的地理位置，又造就了这里优越的气候条件，四季分明、气候适宜。优越的自然环境和气候条件带来了动植物的繁衍，同时也奠定了人类定居生活的基础，我国最早的村落也就在这里开始出现。

1. 山水地理

沪苏之地都坐落在太平洋西岸。上海市地处东经120度52分至122度12分，北纬30度40分至31度53分之间，其西南毗邻浙江，西北即与江苏省接壤，全市面积为6340.5平方千米。位于上海西北侧的江苏省东濒黄海，西接安徽，北邻山东，介于东经116度18分至121度57分，北纬30度45分至35度20分之间，面积10.26万平方千米。

这是一片广袤的冲积平原，我国的第一大河——长江横贯江苏南部，在上海与江苏之间注入东海，其南部形成了长江三角洲平原。长江以北则是淮河下游流域，习称“江淮平原”。江苏的徐州到淮阴之间曾是黄河故道，其间的沙地、沙丘亦为黄河之水冲刷、淤积而成，是为黄淮平原的一部分。苏沪之地的平原占了总体面积的70%以上。

所谓冲积平原是由大江、大河所携泥沙的不断沉积而成，所以苏沪之地地势低平，不少地区海拔低至10米以下，而江河入海之前水流降缓，又将大地切割、潴积成无数的河港与湖泊。江苏境内除著名的长江、淮河之外，还有沂河、沭河、泗河、秦淮河、吴淞江等重要河道，以及数以千计的大小河流，还有由人工疏浚、开掘的著名大运河；上海境内主要有黄浦江及其支流苏州河、川扬河等，河网大多属黄浦江水系。位于江苏南侧的太湖以其占地2250平方千米成为我国第三大淡水湖；江苏中部的洪泽湖则以2069平方千米的水面居我国五大淡水湖第四；

太湖里的渔帆

上海境内的淀山湖面积约为62平方千米，成为境内最大湖泊。此外，域内还有无数大小湖泊，形成了当地的河港密布、湖泊星罗的地貌。

在这广袤的平原上，虽然地势低平，但也有低山丘陵分布，主要集中在江苏北部和西南部，约占总面积的14%。其北部连云港有云台山脉，西南部有老山山脉、宁镇山脉、茅山山脉、宜溧山脉等。上海西部则有天马山、薛山、凤凰山等残丘。

2. 气候特征

上海与江苏属于温带向亚热带的过渡性气候，一般以淮河、苏北灌溉总渠一线为界，其北地区属暖温带湿润、半湿润季风气候；以南地区属亚热带湿润季风气候。各地平均气温介于13℃到16℃之间，江南为15℃到16℃，江淮流域14到15℃，淮北及沿海13℃到14℃，由东北向西南逐渐增高。最冷的1月份，平均气温-1.0℃到3.3℃，其等温线与纬度大致平行，由南向北递减；最热的8月份，平均气温26℃到28.8℃，其等温线基本与海岸线平行，温度由沿海向内陆增加。

由于当地濒临海洋，拥有1000多千米的海岸线，受季风气候影响，春秋较短，冬夏偏长。春、夏季节由东南海洋吹入的暖湿气流，带来了充沛的雨水；秋、冬时节北方冷高压的南移常使天气变得阴冷潮湿。因而当地显现出气候温和、四季分明、季风显著、冬冷夏热、春温多变、秋高气爽、雨热同季、雨量充沛、降水集中、梅雨显著、光热充沛的特征。

3. 农业资源

优越的地理条件与良好的自然环境给栖息在

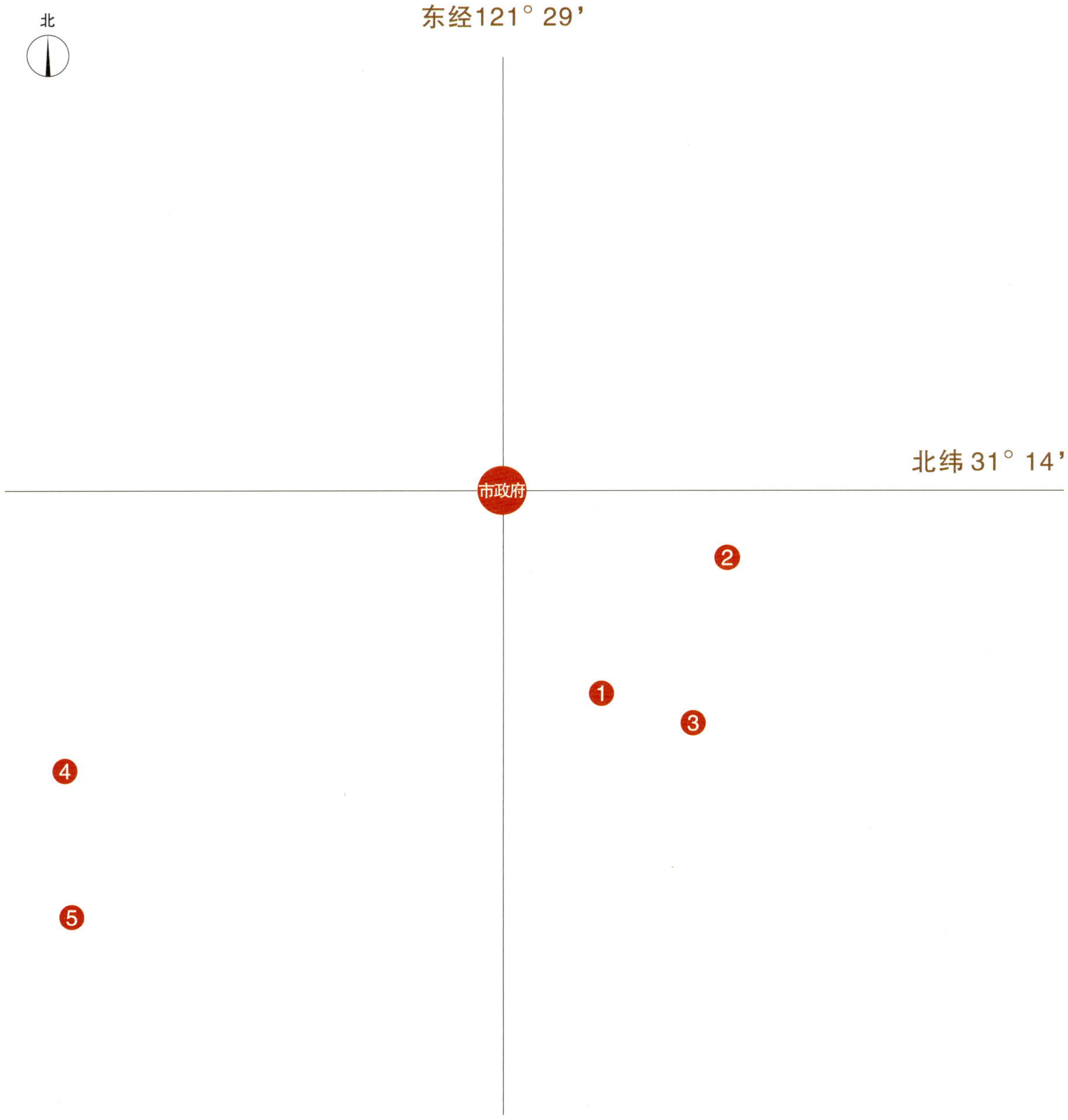

⊙本书所收录上海市古村落分布示意图

① 闵行区浦江镇召稼楼
② 浦东新区康桥镇沔青村
③ 南汇区新场
④ 青浦区练塘
⑤ 金山区枫泾

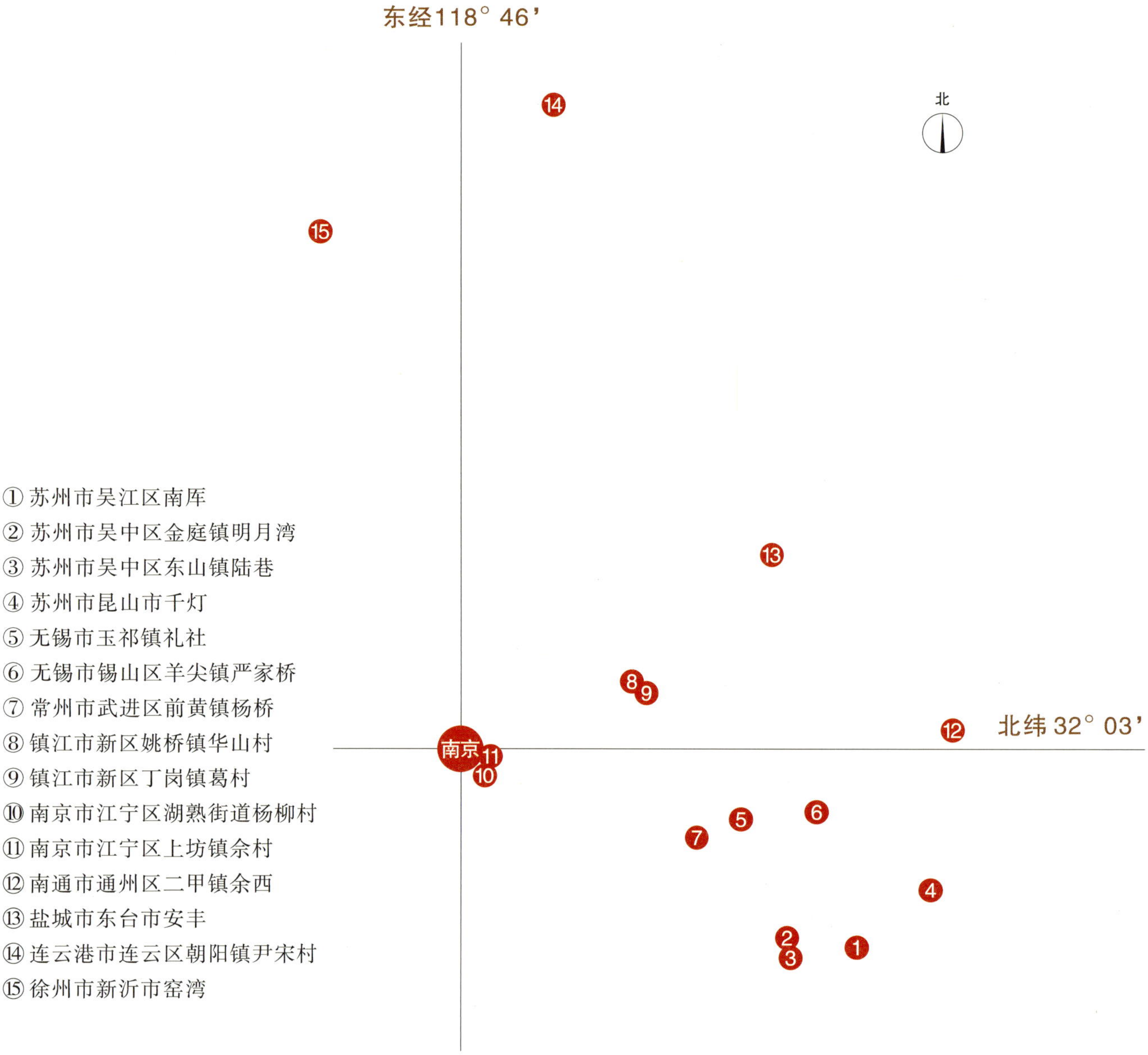

本书所收录江苏省古村落分布示意图

此的动植物提供了繁衍生息的条件，也为人类的生存与发展提供了保障。在人们顺应自然同时又改造自然的活动中，江苏北部形成了以小麦、水稻、棉花、大豆、瓜果、花生种植的农耕方式；而包括上海的江南地区则构成了盛产油菜、水稻，兼营桑麻、林果、茶叶等经济作物的生产传统。为提高自己的生活品质，人们兴修水利、改良土地，终于使这片土地成为全国最为富庶的鱼米之乡。

二、文化经济

长江流域人类活动的历史非常悠久，35万年以前“南京直立人”就在这片土地上繁衍生息，时间稍后的还有属于更新纪晚期的泗洪“下草湾人”、丹徒“莲花洞人”、溧水“神仙洞人”等，近数十年还发现有太湖三山岛、东海大贤庄等一批旧石器时期文化遗址，反映了旧石器时代在这片广袤的土地上已逐渐有了定居人类，且居民分布十分广泛，其居住形态为之后的聚落、村庄奠定了基础。

1. 区域文化的形成

在人类只能凭借自身的体力探索周围世界之时，他们的活动范围有限，河流与山岭也常会成为限制其活动的障碍，而横贯于江苏境内的长江、淮河以及云台山脉不仅在地貌上将江苏分割成数片彼此分离的平原，也使当地先民在早期的发展中遭遇难以逾越的天堑，因此在漫长的远古时期，不同地区的先民依据当地的地理环境，发展形成了自己独特的生产和生活方式，从而显现出文化的差异。

新石器时期，上海与江苏地区的先民已经相继步入定居时代。受自然环境及气候条件的影响，不同地区开始形成区别明显的地域文明。依据这一地区已经发现的数百处新石器时代文化遗址的考古研究，大体可以归纳为：太湖地区类型、宁镇地区类型、徐海地区类型、淮河下游三角洲地区类型和江淮东部地区类型。这些文化遗存间存在着彼此的差异，也与黄河中下游地区的“仰韶—龙山”文化序列存在着相应的区别。在包括今天浙江东北部、上海以及江苏南部的太湖平原，由于环境相对封闭，其上古文明的演变独立而清晰，构成了马家浜—崧泽—良渚的发展序列；宁镇地区位于江苏西侧的长江南岸，虽然地近太湖平原，但为宁镇山脉所阻隔，所以其新石器文化受太湖地区的影响不是太大，而与浙、皖有一定的联系；徐海地区原属山东地貌的衍生部分，因此其文化特征与大汶口文化大致接近；而在淮河下游三角洲地区则因地形地貌的关系，使当地的文化因素错综复杂而丰富多彩，大体上可以概括为受北方海岱文化南下和南方太湖文化北上的共同影响，同时也有其本身的地方特征。

文化类型的差异虽然今天只能从所遗留、保存的一些当年的陶器器形中得以证实，但这也足以反应其生活方式的不同。在经历了数千年演变之后的今天，这样的差异依然影响着彼此间的生活方式、村落形态，乃至在语言上也存在着区别。

2. 华夏文化的融合

随着社会的发展，人类活动范围逐步扩大，沪苏境内的先民一方面承袭了当地石器时代文化的传统，并在不断的相互影响下彼此融合，另一方面由于周边地区及中原的文化交流中受到影响和浸染，从而形成了夏、商、周时期富有自身特色的地域文明。史料记载，在商周之际泰伯奔

⊙《姑苏繁华图》（局部）

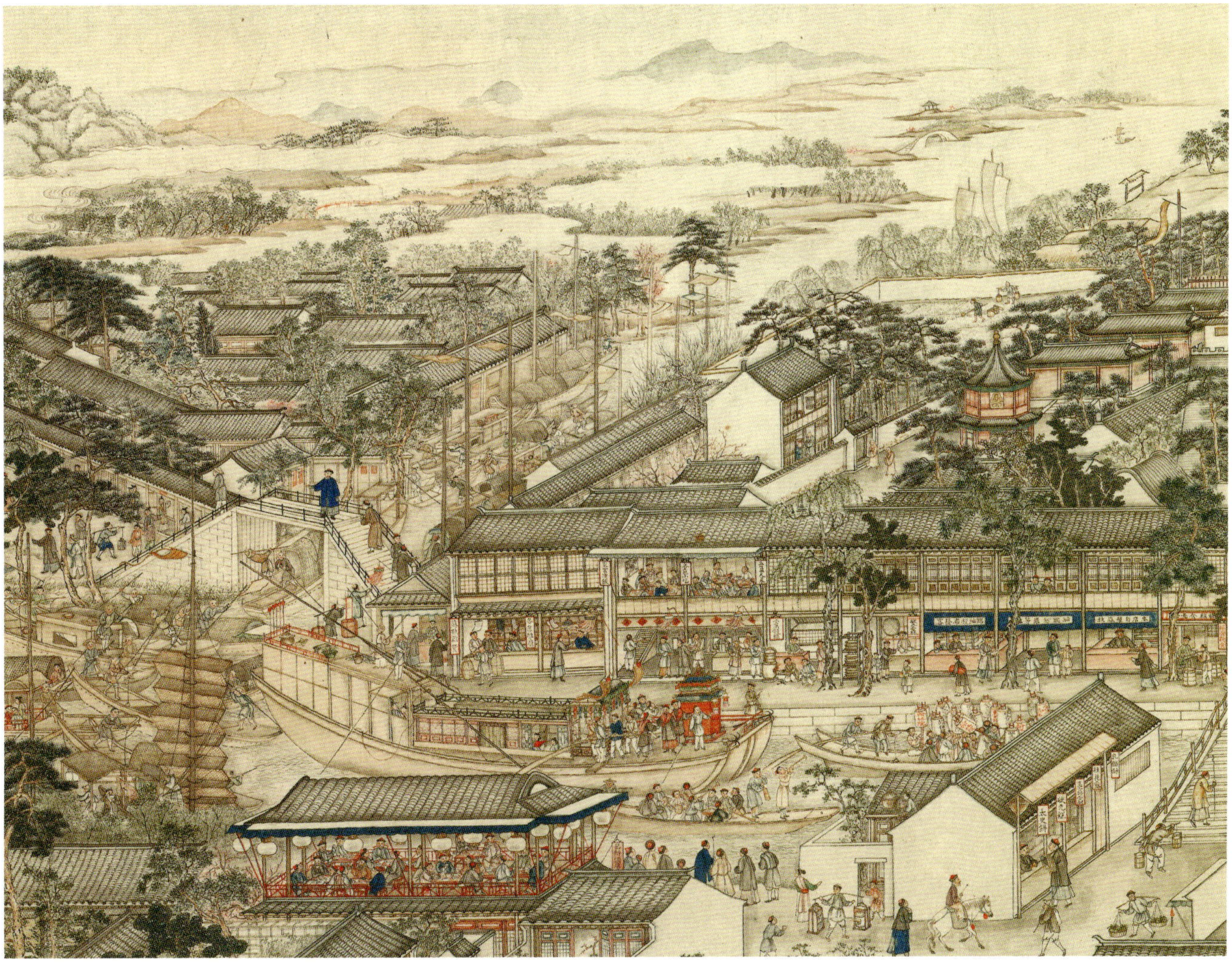

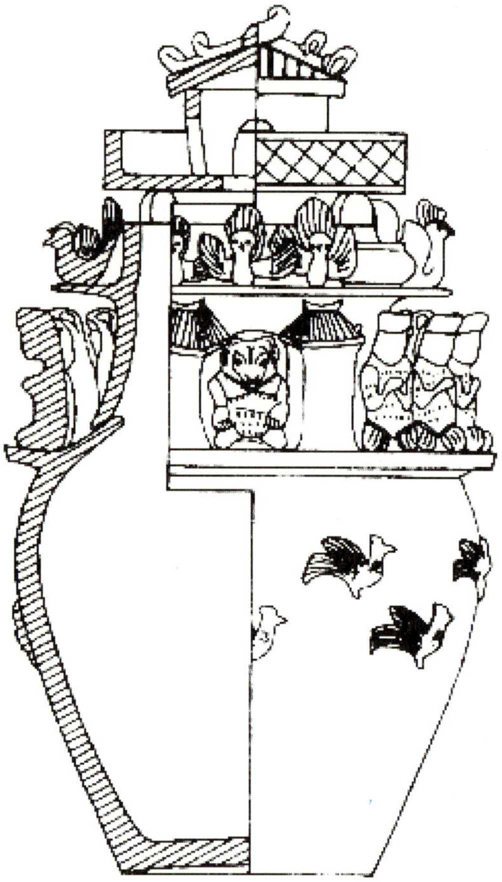

⊙六朝陶罐上的建筑

吴，将中原文化及农耕技术带到了长江流域；而春秋后期，寿梦出使中原，促进了文化的交流。这一时期虽然没有直接的史料反映当地乡村的变化，但徐海地区和江淮地区出现了岳石文化和万北类型的商文化；宁镇地区出现了点将台文化和湖熟文化；太湖流域出现了马桥文化等，这些区域文化所显示的既具有浓郁的土著色彩，同时带有强烈夏、商、周文化气息的特征，反映了在逐渐加密的社会交流中各种文化间的相互影响。

秦汉的统一使各地的交往变得更加便利，夏、商、周以来逐渐形成的传统礼仪制度经过春秋、战国的解析重构，已经为更广泛的汉民族聚居地区的居民所接受，而在不断强化的大一统思想之下，文化上的趋同日益明显。虽然江淮沿海地区与当时的政治、经济、文化中心仍存在着时空距离，但由于主流文化被强势推行，故与许多地区一样，一方面开始普遍接受而同步发展，另一方面当地的传统作为特有的民风习俗依然顽强地保留在了当地人的日常生活之中。

3. 江南经济的提升

晋永嘉之乱以后，北方少数民族乘机进入中原，琅琊王司马睿率中原士族“衣冠南渡”，在今天的江苏南京建立东晋王朝。自此不仅使全国的政治重心南移，北方士族还将中原传统带到南方，并与南方的土族相互融合，使南方的文化地位逐渐提高。之后近200年间因北方战乱频发，迫使百姓不断南迁，大量人口的南下又带来生产技术和劳动力，从而使南方尤其是江南一带的经济得到快速增长。

大量人口的涌入，不仅有无数庶民来到江南广大乡村定居，一些大族也会因避难而举族南迁，占地聚居，形成一方的望族，甚至还有像迁居于常州兰陵万绥的萧姓，后因诞生了齐、梁的开国之君而被称之为“齐梁故里”或“兰陵古墟”。如今万绥还保留着一批齐梁时的遗迹。

隋朝的统一，标志着持续了将近400年的动荡和分裂终于结束，然而北方长期以来的频繁战乱使原先已高度发达的农业遭受了严重的破坏；南方的相对安定，且注入了大量的劳力和

⊙常州市孟河镇万绥村古迹遗址

先进的技术，经济水平得到了快速的提高，所以此时我国的经济格局已出现了转变，国家财政开始需要依赖南方，甚至宫廷中的日用供给常常要仰仗江南。南北大运河的开通，保障了朝廷及北方的物资供给，同时漕运的兴起、物资的集散、商品的流通也反过来促进了南方经济的发展。所以在唐代社会稳定、国力强盛的大背景下，不仅形成了苏州、扬州那样“雄富冠于天下”的大都市，即便是广大乡村也随着粗放农耕向精耕细作转变，成了粮食生产基地，以至于“军国大计，仰于江淮”。唐末的藩镇割据与五代十国的分裂，在北方再度造成战乱和破坏，但广大的长江以南地区却又相对安定，成为经济进一步提升的契机。到北宋年间，江南已经成为全国最为繁荣的地区之一，“国家根本，仰给东南”，“而吴中又为东南根柢，语曰：‘苏湖熟，天下足。’”

4. 经济文化的繁荣

宋室南渡，再度引发衣冠士族、黎民百姓大规模向南迁徙。江南的环境宜人、气候优越、物产丰富，又因之前经济长期稳步发展的积累，使这里成为无数人理想的卜居之地。宋王朝也因此偏安于东南一隅，失去了恢复中原之志。政治中心的南移，再次吸引了大量官员、文人来到都城及其附近城乡定居，在文人的影响下，当地几乎每个家庭都普遍崇尚耕读，从而提升了整个地区的文化层次。而大量人口渡淮南下定居之后，也使当地生产结构发生改变。农地的进一步开垦，精耕细作，使此时淮河以南尤其是太湖流域地区粮食的产量上升到前所未有的水平，与此同时，蚕桑、棉花、茶叶的生产也较以前有了大幅的提高，于是江苏南部城乡经济呈现出日新月异的变化。

如果说魏晋南北朝时期的那次民族迁徙，将黄河中下游的古老传统带到江南，并逐渐融入到当地居民的习俗内，而这次迁徙则是将经历了北方少数民族文化注入、融合之后，被重新整合、积淀的律令制度引进南方人的生活之中，因而影响到了南方人的文化品味和生活追求，这为江苏南部之后的文化和经济步入鼎盛奠定了坚实的基础。由于年代的趋近，不少乡村居民还能依稀记得其迁入初祖以及原籍地望。如太湖中的洞庭东山、西山的许多村民尚能追溯他们都是宋室南迁前后来此定居者的后裔。

明清时期，沪苏地区已是我国最为富庶的地区之一，商品经济不断向纵深发展，已延伸到了广大的乡村。尤其是包括上海、江苏南部的太

⊙常州市孟河镇万绥村东岳庙善男信女

湖流域，虽然粮食产量仍在稳步提高，但其在整个经济结构中的比重已开始逐渐低于蚕桑、棉花等经济作物。由于经济作物的生产以及与之配套的家庭手工业亦已普及到了千家万户，农家与城镇居民的手工业及其商品化经营倾向日益显著。生产结构的转变大大地提升了这一地区的经济地位，使之成为全国首屈一指的赋税重地。据史料记载，明代仅苏州一府的税粮已经占据全国的近十分之一，理所当然地排在了国家税收的第一位。在经济飞速发展的同时，当地居民在文化方面也有了普遍的追求。有文献记载，在明代，当地的城镇乃至有些乡村常常有入夜之后机梭声与读书声交相呼应的景象，“后生小子无不读书，及至二十无成，然后习为手艺。故凡百工贱业，其性理纲常，皆全部烂熟”。如此广泛地对于经济与文化的关注，致使这里人才辈出。据统计，明清两代由科举入仕的江苏人已在朝中官员中占到了很大的比例。明清时期全国的政治中心虽然仍长期居于我国的北方，但可以认为文化的重心已经转移到江南。

三、村落形态

村落作为人类聚居形式之一，它与周边的自然环境具有极为密切的联系，因为人们在其间生活，需要适应当地的环境与气候；而乡村的生产通常是在土地上获取农林产品，在水体中获取渔业资源等等，不同的地域会带来生产结构的差异。在地理环境与生产方式的共同作用下，乡村就呈现出千变万化的形态，可以认为乡村形态最初是由地理环境的影响确定的。但还应看到，随时代的演进，或因人口的繁衍、或因社会的动

⊙大运河无锡段

荡、或因气候的剧变，又会使某个家庭或家族离开原先的聚居地而引发迁徙，人们为发展生产、提高自己的生活品质，也会对身边的自然予以人为的改造，进而又反过来会影响到自己所生活、居住的村落形态。

1. 水网地区的村落

沪苏之地位于长江与淮河的下游，绝大部分土地属于江、河的冲积平原，这里河港纵横，湖泊密布。丰富的水源为人们带来了灌溉之利，从而使农耕和经济作物的生产得以持续稳定地发展。而密布的水系也造就了便捷的交通网络，人们可以驾着舟楫通行，所以选择临河作为村落的基址，能够充分利用水体带来的便利。

平原水乡的村落，为适应农耕生产而呈现出散型分布，密集的水体也使这样的村庄分布变得自然与合理，因为河港、湖泊的存在不仅便于农田的灌溉，而且在以舟楫作为主要交

⊙苏州市山塘街

依河而建的民居

通工具的时代，各种水体又成了交通、运输的主要孔道。所以沪苏地区绝大部分自然村落都傍水而建，其居民都缘水而居。各种水体又常常构成了乡村间的边界。从保留的村名中，就能大致了解到平原水网地带的村落与水体间的关系。如乃宜浜村、十字港村、黄泥泾村、青竹浜村、下堂泾村、花家泾、洪泾村、沙河泾村、司马泾村、范草溇村、草绿港村、洋溢港村、塘前浜村等等，类似的村名枚不胜举。经过长期的实践，人们用桥梁来克服河道的阻隔、以舟楫将水网变成了通达的路网。所以村庄中大多会有河港贯穿，村中民居往往背靠河道而建，这既可就近停靠自备的小船，同时也能为生活提供方便的生活水源。

受水网环境的影响，村庄规模通常不大，而这样的小型村落更符合农家希望生活在自己经营的土地上的原则。当人口增长，江南村庄一般不会不断扩张，而是遵循过去的“分家”原则，当村庄的户数增加到一定的程度时，就会向近旁另选新址。

渔民

2. 滨江、滨湖的村落

自然灾害或社会动荡常常会导致人口迁徙、乡村荒芜，而灾难过后又会有人口回迁，这就会让村落处在不断的变化之中。即便是在相对安定时期，或因外来移民的加入，或因当地人口的繁衍，往往也会带来向湖荡、江岸、滩涂要地的开垦活动。因开垦而形成的村落常常用“埭”“坝”“圩”等为村名。

所谓“埭”，可以解释为长堤，“坝”与“埭”相同，也可指长堤。在江、湖等大型水体旁以及沿海地带的岸边，为防止水患，需要修筑堤岸；而在围垦滩涂时，防水长堤之内往往被围出大片低洼地，这就是“圩”。被称之为“埭”“坝”的村落，最初应在岸线之旁，在社会发展进程中，围垦在不断地推进之中，岸线也在向远方推移，这使得不少带有“埭”“坝”“圩”的村落渐渐远离了大型水体。

过去修筑堤坝主要是用泥土，为方便取土，堤坝的一侧就会被开凿成河道。在围垦的圩区，开凿的河道又具有降低圩区水位的作用，所以，滨湖、滨江地带同样也形成了水网平原区，只是水网相对较疏。由于堤坝、圩堰本身较两旁的地势更高，且近旁又有河道，所以村落常常选址于此，并令民居呈现出带状分布。

3. 低山、丘陵的村落

沪苏地区并无崇山峻岭，低山丘陵地带所占全部面积不足15%，而且普遍高度不大，这样的地形虽然也有自身的环境特色，形成林果、茶叶以及其他旱地作物的生产形式，并不会影响人们来此卜居的选择，但起伏的山地毕竟会对交通带来不便，尤其是周边地区密布的水系形成以舟楫为主要交通工具的古代社会，其经济发展稍稍滞后于平原，由此让我们在今天还能了解到江苏山地传统村落的风貌。如今保存比较好的山村大致有三种类型：其一是地处山水相邻地带而形成的背山面水型；另一是坐落在小山环抱之中形成的山环内聚型；再有是处于两山夹峙的山谷内而形成的长条带状型。

虽然当地的山体大多不高，但选择在山巅、岗阜之上建立村落的极少。理想的村址一般被选在山麓处的平地，这可以最大限度地利用山地和平原发展生产，同时也避免了山岭地带出行的困难。而在像太湖流域，可能山麓就是山水交接之处，于是就形成了背山面水的村落。这类村落一般选址于山体的阳坡，但建于阴坡的也能见有实例，原因是山体高度有限，并不影响通风纳阳。

如果村落两旁还有山体支脉向前伸展，形成环抱之势，则被认为属于最为理想的建村基址。所以在山岭地区常常可见到三面环山一侧开口的山村。这种建于山坞之中的村落无论从心理上还是实际中都能给人以内聚的安全感。

山岭地区还有一种长条状的村落，成因是两山之间拥有一片稍宽的带状平坦区域，如此地形的中间往往有小溪流经，因这样的环境具有山水相伴，自然生态良好，所以也为常见的山村选址。

山地村落中的民居大多集中布置，村中以“一”字形或“十”字形主干道路穿越村庄，其间联络小巷通往各家各户。在过去，若为单姓家族的村落，村中会建造一两处祠堂，成为村民祭祀或重大活动的场所；若为数姓杂居的，则会有几个大姓家祠。晚近以来人们对于文化的重视，往往在祠堂中延师课徒，于是在20世纪中叶前后，有些地方的祠堂就被改造成了小学。虽然村民也有佛、道信仰，但出于禁忌村中一般不建寺、观，即便营建也会建在村落近旁、有一定距离的地方。

背山型的村落在近代大多会发生变化，大多是因经济发展或随人口增长而向外围扩张，当代的钢筋混凝土建筑逐渐替代传统木构建筑；长条状的村落则会向两端延伸；唯有山体环抱型的由于受地形的限制，尽管也有发展、变化，但改观并不太大。

4. 市镇

我国自郡县制确立之后，直到宋初主要采用三级行政建制，也就是都城、郡（州、府）城和县城，县城之下即为广大的乡村。介于州府、县城之间的市、镇作为县以下一级行政区划，是在北宋初年才出现的。尽管商品交易早在先秦就已形成，因为商品经济蕴含着巨大的利益，政府需要从中征收税费。所以在相当长的历史时期内，市场是作为城市的一个组成部分而存在，如历代都城中大多会设置由政府管理的供商品交易的“市”。随着商品交流的频繁，城乡间的要道上往往会自发形成交易的场所，即历史上所称的“草市”。时至唐代，草市日趋繁荣，吸引着越来越多的商贾前往定居，尤其是运河附近江淮地区的重要水道沿岸，贸易发达，规模日渐扩大，遂成引人注目的聚落。这样的草市已经不再是“朝满夕虚”，而是一个商业性的居民点，一个地理实体，所以某些草市逐渐被升格为县治。

“镇”的含义最初是“镇、压”，故自古以来就有“军事重镇”的说法。同样因军事重镇在驻扎军队、扼守一方的同时也需要巨大的物资供给，从而促进了当地的商业发展。所以像唐末、五代割据的藩镇，即具有军事性质的重镇，同时也大都成为当时一地的经济和文化中心。到了宋代，“镇”的概念被异化，也成了一种高于草市的商业中心的称谓。

市、镇的形成，源于商品集散，而商品的流通需要借助必要的交通孔道，所以市镇结构往往与所在地的河港、道路有着密切的联系。江南

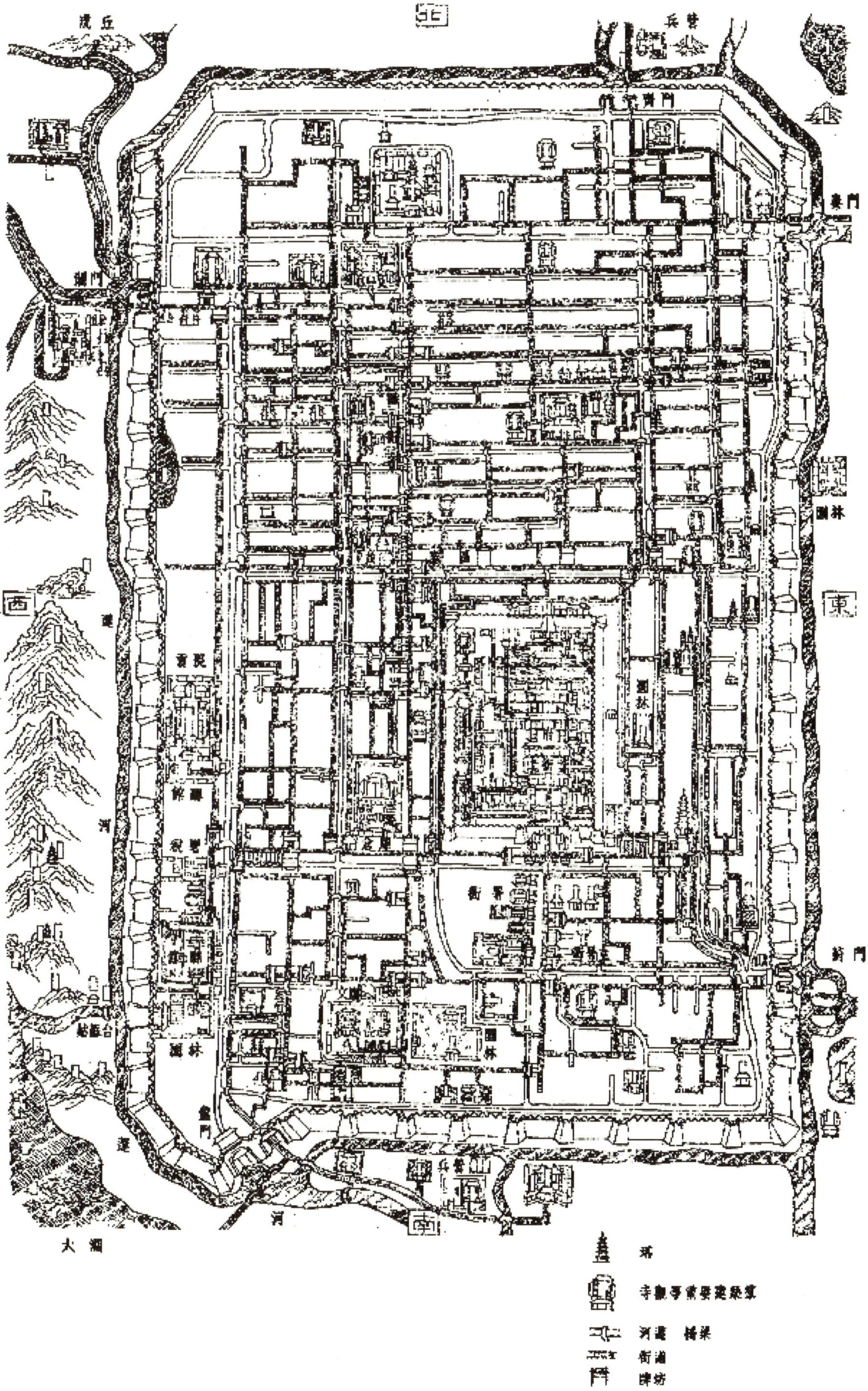

◎《平江城图》

地区纵横的河港是联系城乡的交通要道，所以在重要河港的两旁或交汇处常常成为商品集散中心，于是市街常在河道沿岸形成，并以此为分中心逐渐向四周扩张镇域，于是就有了一河两街形、“丁”字形、“十”字形市街的市镇。江苏北部虽然在江淮之间也有发达的水系，但因当地习惯以车马作为交通工具，所以市镇常常以一条商业街或“丁”字形（三叉形）、“十”字形的市街为市镇中心，并向外扩展，形成人口密集的镇域。

明清时期沪苏境内的市镇规模相差较悬殊，小型的市可能仅有百余户，而大型的镇可以达到万户之多，这主要与所处的地理位置有关，交通便利，所在地区经济发达，其市镇形成就早，发展规模也会逐渐扩大。但无论其规模大小，这些市镇基本都是在十分紧凑的街市范围内拥有作坊、商铺和民居，还有为满足精神需求建立的寺庙、道观等，而这些寺观之前又常常是市镇即周边居民公共的活动场所。“工贾艺术杂处”，形成一个极富生气的社区，从而显示出作为区域手工业中心、商业中心和文化中心的特征。

过去，市镇虽然按规定不允许建造城垣，但为了防盗、防火，市镇大多建有“四栅”，其内即为镇域范围，称“街市”。入夜，栅门关闭，更夫在镇中巡更防守。

市镇不同于乡村，也不同于县、府治所，其中的建筑基本采用当地常用的形制，虽然也会有个别大户人家的居宅具有一定的规模，但因当时的社会等级制度，绝大部分民居都结构简单、尺度较小，更接近乡村。虽然各市镇中的建筑形制变化不大，但即便在相同地区，由于河流、街巷等环境因素，也会造成市镇空间差异。

明清时期长江南北、运河两岸的市镇得到了很大的发展，尤其以江南市镇的增长更为迅速，呈现出星罗棋布的态势，这些市镇的出现虽然没有统一的规划，但其分布并非随意和无序的。由于在农耕与手工业经济时代，市镇是都市与乡村联系的纽带，承担着商品集散的功能。一定区域的人口密度、交通体系以及当地的产业结构的差异，会自然地影响市镇间的距离。江南地处水乡，人口众多、经济发达，农村民众生产的产品需要就近出售，而在当地以船只作为主要交通和运输工具的年代，能够赶在早市或午市进行交易，并在当日返回的船行距离往往成为市镇间距。间距太远会造成往返时间过长而带来的不便，密度过大则可能影响市镇商业，所以形成了以6—18千米最为常见的市镇分布。江苏北部人口相对较少，经济也不像江南那样的发达，因而那里的市镇密度也相对较疏。

自市、镇作为一级行政区划出现之后，与某些市、镇由于经济繁荣、地理位置适宜而被升格为县治一样，有些市、镇也会因交通要道的改线、经济衰退而降为村落。而那些质量较高、规模较大的传统建筑群的村落，不少曾有过作为市、集的历史。

四、建筑特征

在我国古代，森严的等级制度规定了普通百姓允许建造的住宅不能超过面阔三间，乡村处于社会的最底层，因此各村落中的民居规模通常不会太大。而过去乡村居民的经济条件，也难以突破这样的规模。

其实单幢三开间的建筑，业已基本满足了最低的功能要求。室内以明间为堂屋，两旁次间作卧室。炉灶通常被置于堂屋的后部，或居室的后部。在相当长的历史时期中，广大农村地区的平民阶层普遍以泥墙草顶构筑。经济稍微宽裕，则改为砖墙瓦房，堂、室的分隔大致相近。若单幢的三开间居宅不够用，则会用附房或墙垣在主屋的前后围合成院。由于地理环境、气候条件的差

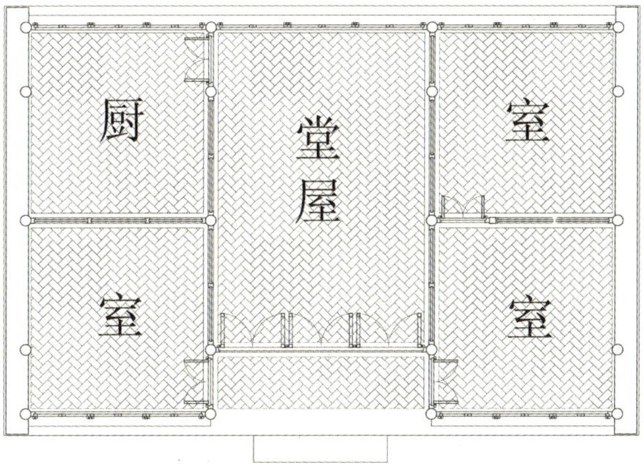

乡村最常见的传统建筑平面

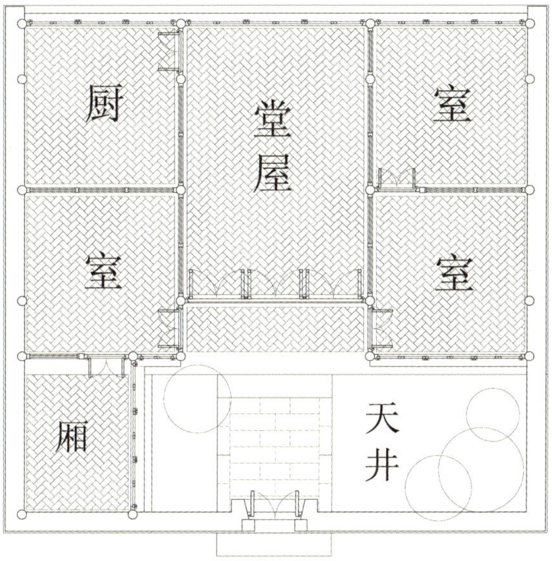

三开间前添单侧厢房的传统建筑

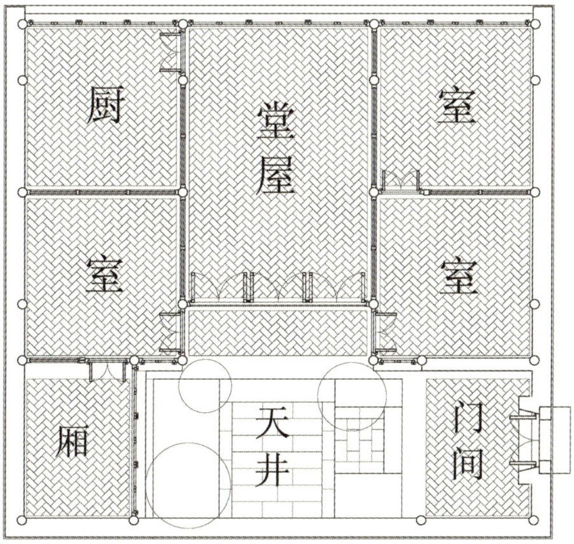

三开间前添左右厢房的传统建筑

⊙典型民居平面布置

⊙苏州市东山雕花楼

异会形成不同的生产方式，而环境气候及生产方式的共同作用就会影响到建筑的特征与村庄的形态，所以沪苏之地的村落民居也会因此而显示出各自的特色。

当然，在一些文化、经济较为发达的乡村，也有规模较大的民居。过去因村民中有科举及第或致仕返乡者，为了彰显其身份与地位，他们的居宅被允许依据规定超越普通民居；明末之后社会上对于经商者的偏见渐渐降低，而在商贸活动中获利者也会以修建大宅来显示自己的成功，但为了表示遵守相关的规定，会在诸如大于三间的天井中加砌塞口墙、将大于三间的屋脊予以断开等等方式，表示并未违反相关规定。

1. 江南地区的乡村民居

江南可以泛指整个长江以南的地区，但在我国历史上则通常特指太湖东南的大片冲积平原地带，也就是清代的杭、嘉、湖、苏、松、常六府。在这广大的区域中，由于气候温和、湿润，土地平坦、肥沃，自远古时代起就有先民在此定居，孕育了灿烂的良渚文明。尽管在之后的数千年中，当地与周边乃至整个中华大地都有密切的交往，但当地的自然环境、气候条件造就了特殊

⊙苏州市西山堂里雕花楼天井

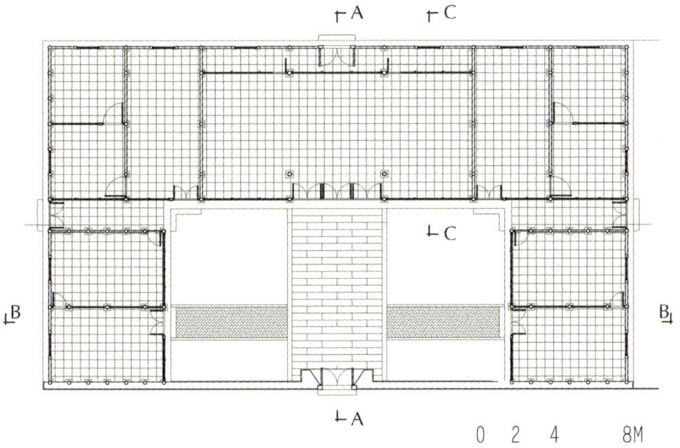

平面图

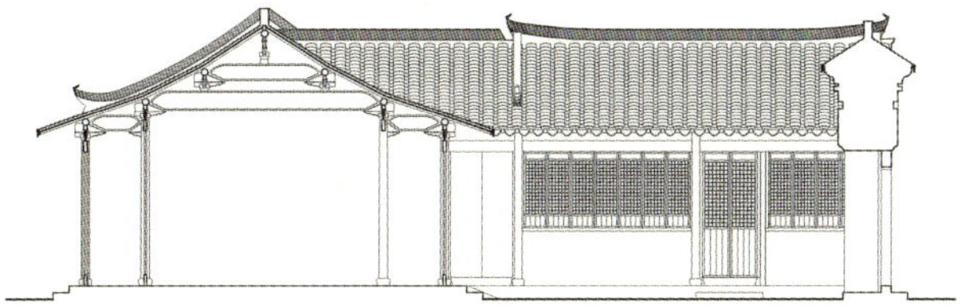

A-A 剖面图

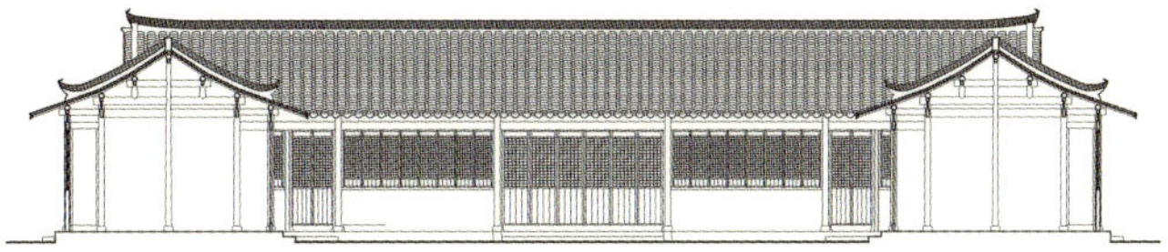

B-B 剖面图

砖细门楼图

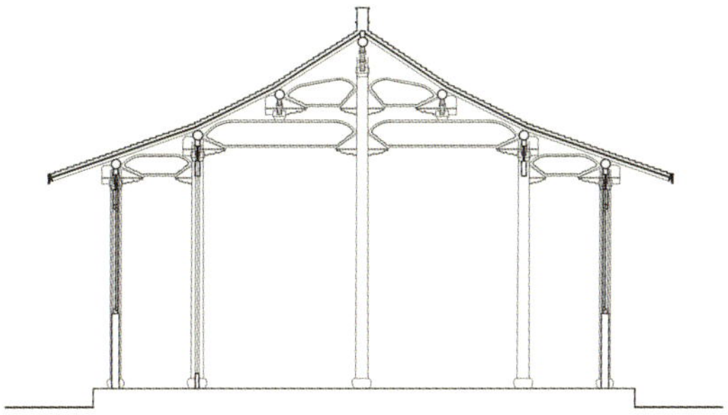

C-C 剖面图

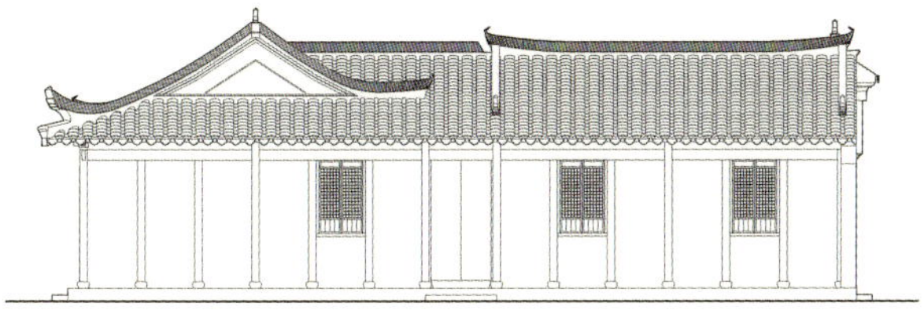

东立面图

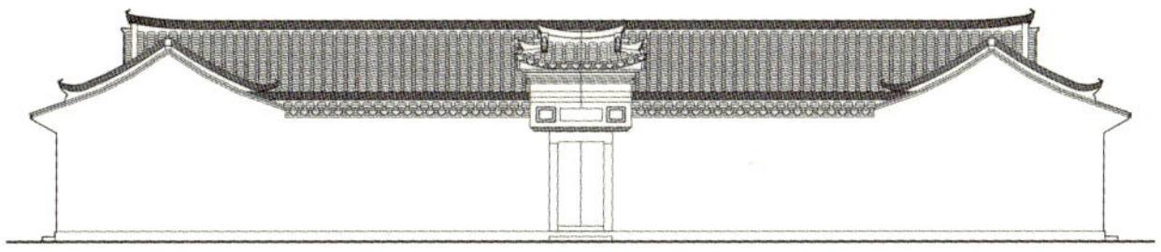

南立面图

⊙上海市召稼楼宁俭堂

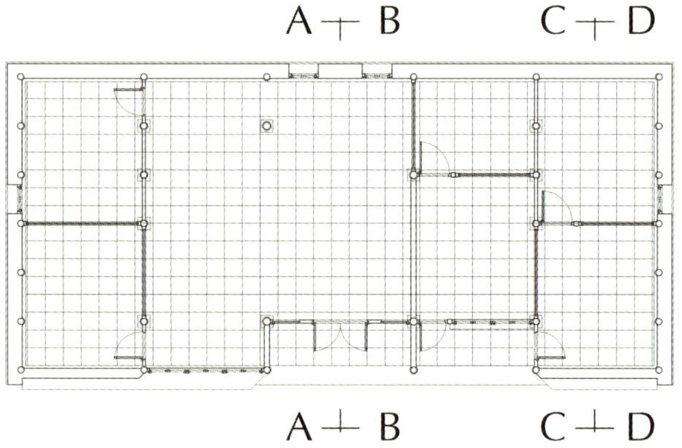

平面图 0 1 2 3 4M

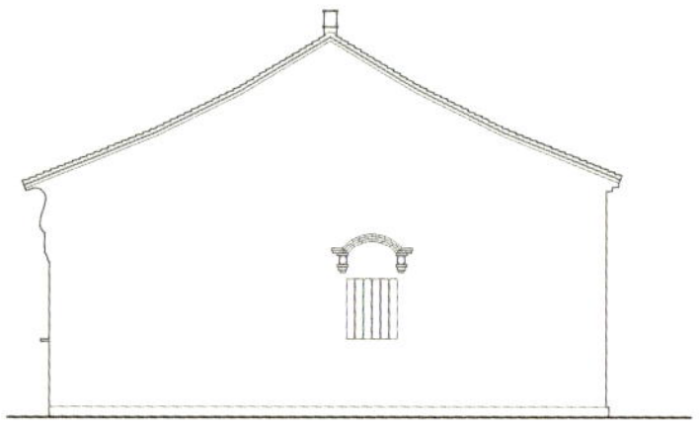

东立面图 0 1 2 3 4M

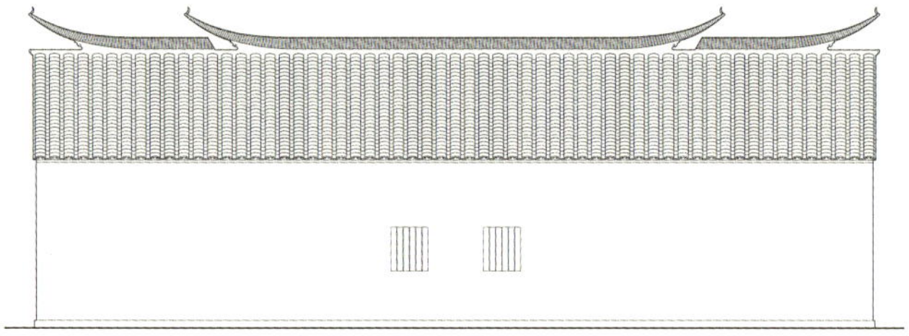

北立面图 0 1 2 3 4M

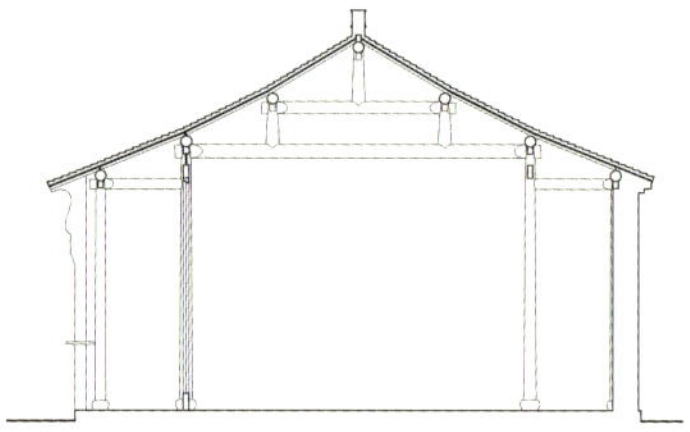

A-A 剖面图 0 1 2 3 4M

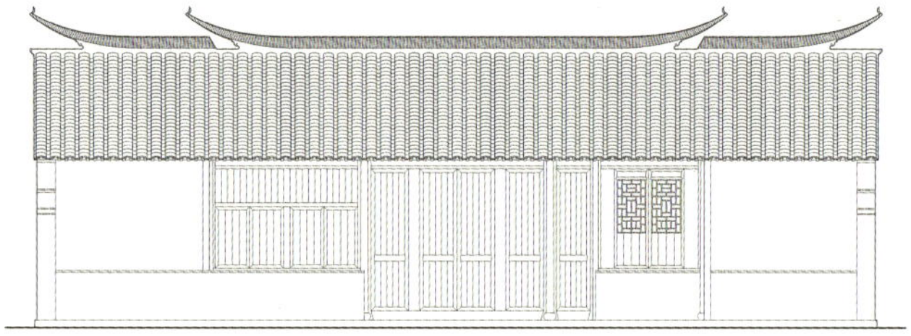

南立面图 0 1 2 3 4M

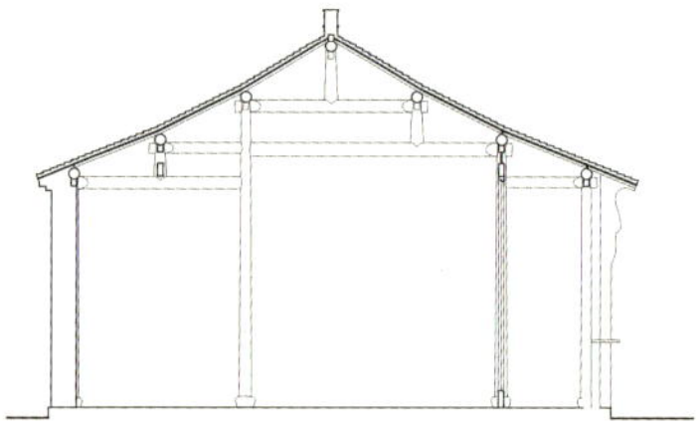

B-B 剖面图 0 1 2 3 4M

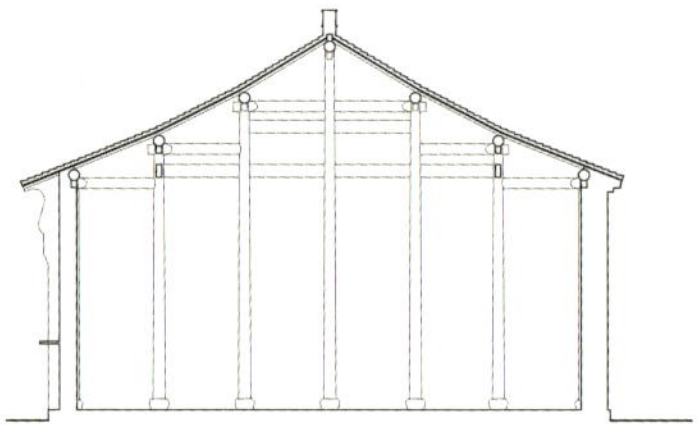

D-D 剖面图 0 1 2 3 4M

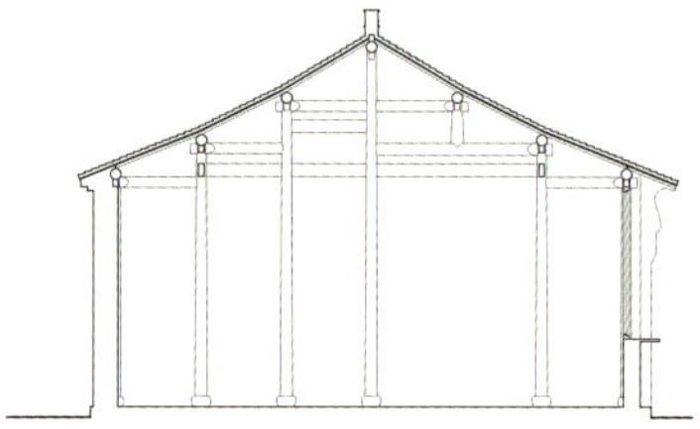

C-C 剖面图 0 1 2 3 4M

⊙苏州市龙泉村某宅

的生产方式和生活方式。长期积淀之后形成了既包含着与中华文化价值取向相通的观念，又有其特殊生活和处世的行为方式，即区域亚文化。这种区域特质最明显的是反映在方言之中，因而江南也常被称作“吴方言”区。同样，江南的民居也因与其他地区社会因素、经济因素以及群体文化性的差异而显现出自己的特色。

当然即便在这一文化区域之中，各地的经济、文化的发展也并不均衡，其中以苏州、杭州最为发达，故民间有着“上有天堂、下有苏杭”之说，而进入近代社会之前的上海（松江）相对较弱。这在当时的民居建筑，尤其是乡村建筑中可以得到清晰映证。

江南地区乡村的普通民居，常常在坐南朝北的主体建筑前联以厢房。有仅建于一侧的单厢，也有两边都设有厢房的，并用墙垣围合成前院。三开间的正房以及两侧的厢房或为单层的平房，或为两层的楼房，也有在正房之后连以猪圈、禽舍的，也以围墙围合，使之成为后院。稍大的常是沿轴线布置圆堂及堂楼（楼厅），构成“前堂后寝”“内外有别”的格局。墙门间（门厅）设置在建筑组群的东南角。墙门间一般单开间，门扇安在前檐柱间，门间后部置长窗（槅扇门），出长窗有小天井、备弄，通往内宅。门间西侧设砖细墙门，可进入堂前天井。

苏州地区尚保留的传统民居主要为砖木结构，正间两侧的正贴采用严谨的抬梁式构造，边贴与之不同，一般脊柱落地，甚至还能见到脊柱和金柱全都落地，因充分利用原本作为围护结构的山墙，使边贴的用料减小。因此山墙较厚，墙体嵌入边贴构架约四分之三，使室内有露明的屋架形成装饰。

上海的传统乡村民居中一般所有立柱全都落地，所用木料较细，其墙体较薄，使屋架也能在室外显现。这既反映了当地民居建筑的等级低于苏州，同时也体现出较明显的地方特色。进入近代社会之后，传统的约束渐渐弱化，而随着上海开埠，西洋建筑逐渐影响乡村，一些具有一定实力的人家开始采用西式装饰，甚至兴建完全不同于传统的、中西合璧式的住宅。

2. 宁镇地区的乡村民居

长江南岸横亘着宁镇山脉，将南京、镇江等地与太湖平原截然分开。虽然南京曾作为六朝及明代首都，经济和文化十分繁荣，并向周边辐射，因而过去也有人将其视为江南的一部分（甚至是核心区域），但终究因为其南部山脉的阻隔，不仅使这里的生活习俗、生产方式有别于江

南京市城南糖坊廊老房子天井

镇江市张云鹏故居

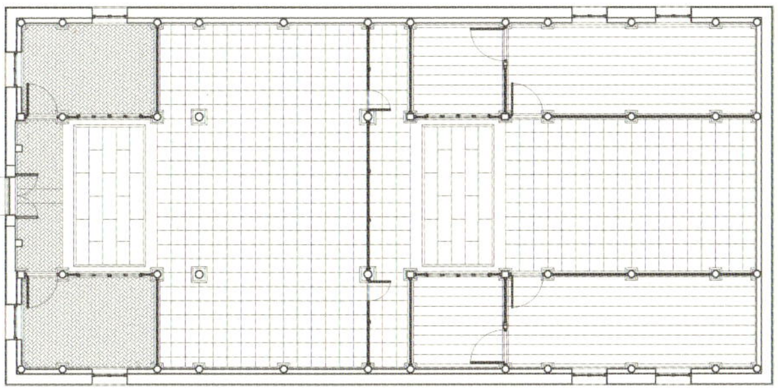

底层平面图　0 1 2 3 4M

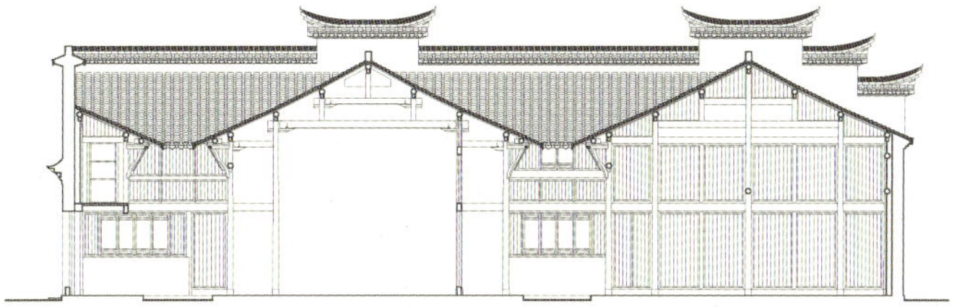

轴线剖面图　0 1 2 3 4M

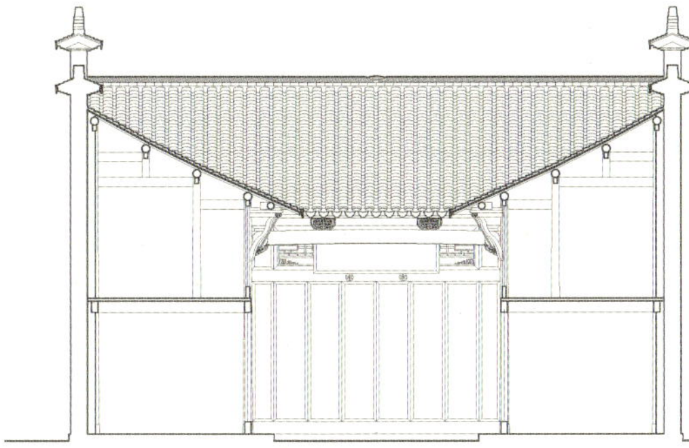

前厅正立面图　0 1 2 3 4M

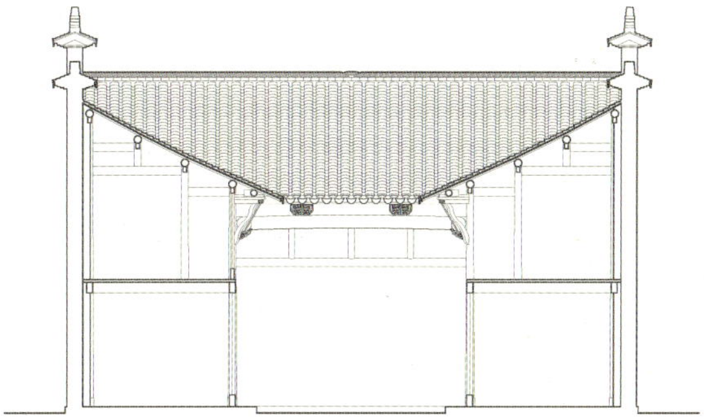

后厅正立面图　0 1 2 3 4M

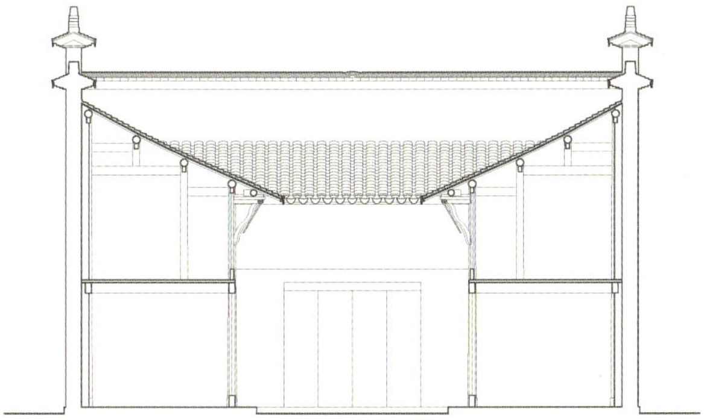

门间背立面图　0 1 2 3 4M

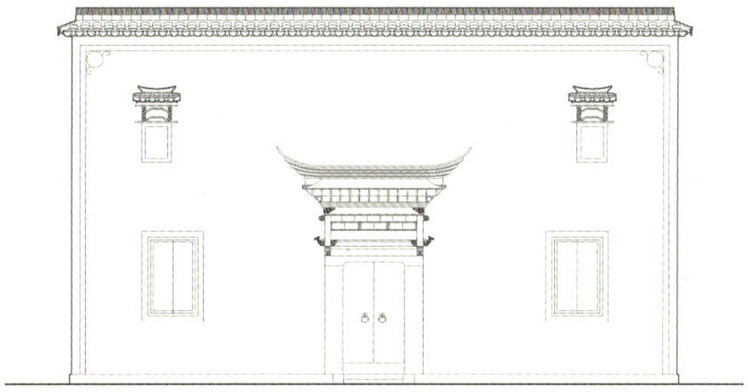

南立面图　0 1 2 3 4M

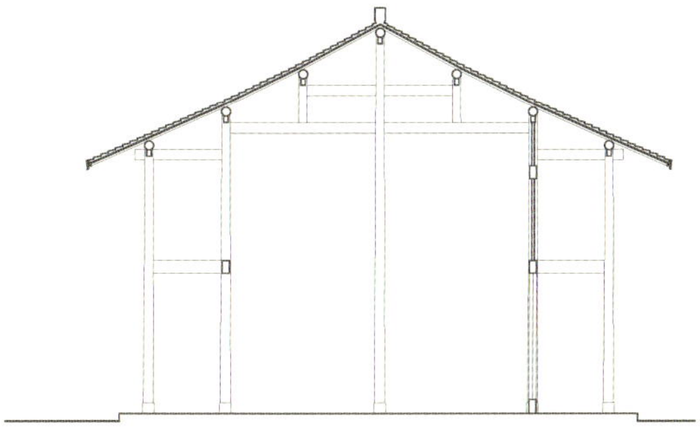

前厅边贴图　0 1 2 3 4M

东立面图　0 2 4 8M

南京市高淳区某宅

镇江市西津古渡街过街石塔与观音洞

南，即便是当地的方言也与吴地有很大的差异，故吴语区对南京的江南认可度并不高。同样，南京、镇江等地的北侧有开阔的长江，这在久远的古代曾是难以逾越的天堑，所以上古时期出土的文物类型完全不同于一江之隔的江淮地区，而到晚近，这里的民风习俗也与淮扬有所区别。

受古代等级制度的影响，宁镇地区小型的乡村建筑与江南区别并不太大。中型住宅的形制因其北方紧邻淮扬，所以与江淮地区相近；而在其西南，与徽州地区接壤，使当地的民居显现出相互的影响。比如南京市的高淳地区常能见到类似于徽州“四水归堂”式的住宅。这样的民居通常为高墙围合的两到三进的楼房，门屋进深较浅，以单坡屋顶架于外墙上。大门一般设在明间，用条石作门框，内装厚板门。外立面上通常都有砖、石雕刻的门头作为装饰。门屋之后设一方天井，由于两旁的单坡游廊以及前堂屋面，形成内聚的四个坡顶，而天井中常常凿有水池，雨天四周屋面的雨水汇聚于池内，所以就有了“四水归堂”的称谓。第二进前堂，底层明间为对外接待客人和对内举行重要仪典的场所，因此开间较大，内部装修也华丽，次间相对狭小；楼层为居所，明间和次间的开间基本按照我国传统建筑1：0.8的比例分配，于是明间两侧上下柱网错位，形成其鲜明的特点之一。如果两进楼房不够用度，则设第三进后楼，后楼一般为子女居所，所谓“深闺”即指后楼。因后楼无需充作大型活动的场所，故明间楼、底层可用通柱。

3. 淮扬地区的乡村民居

淮扬地区一般认为是指淮河中下游、扬子江地区，广义的包括南京、镇江、淮安、扬

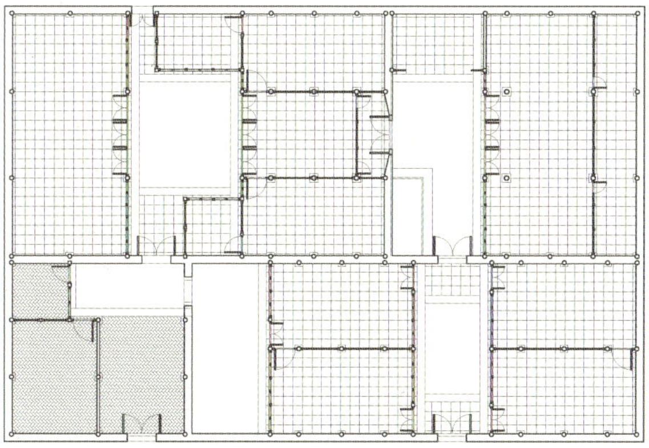

平面图　0 2 4 8M

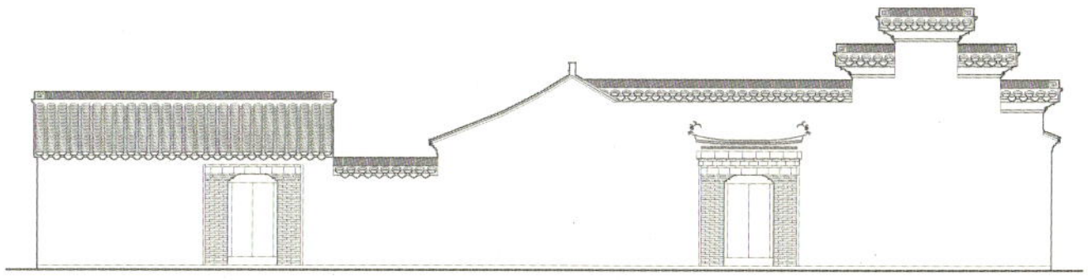

东立面图　0 1 2 3 4M

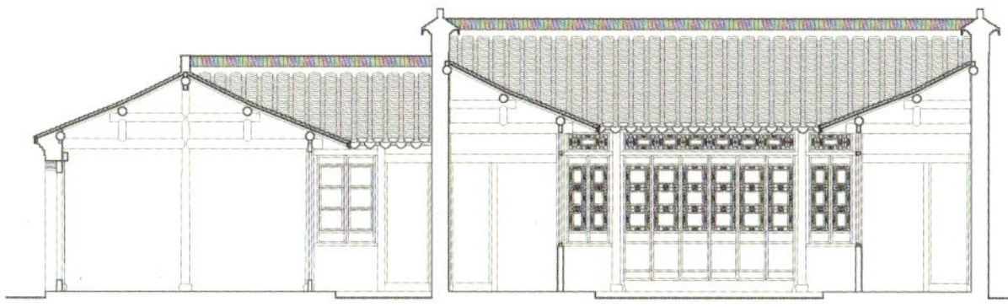

一进立面图　0 1 2 3 4M

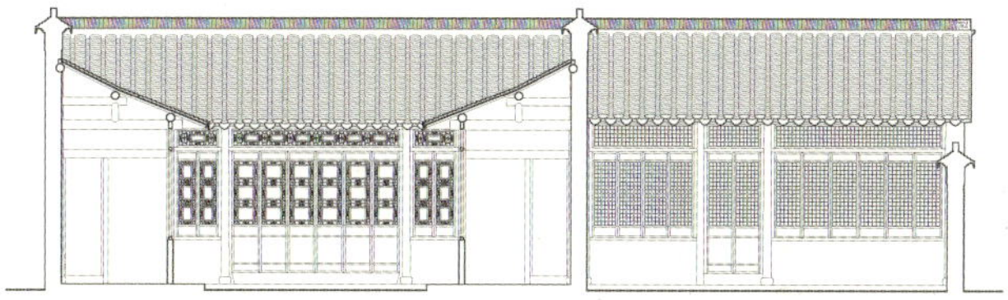

二进正立面图　0 1 2 3 4M

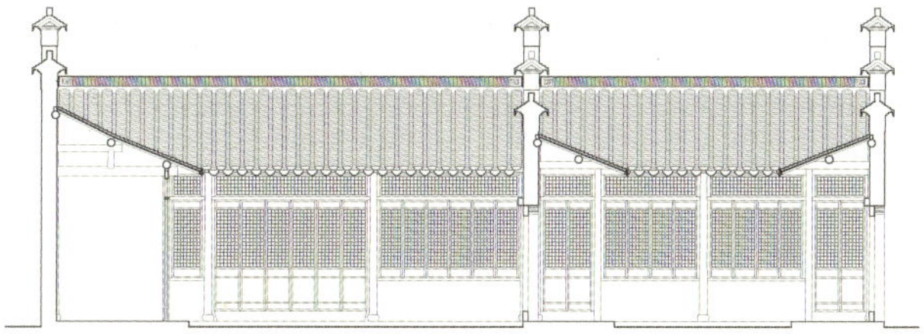

三进立面图　0 1 2 3 4M

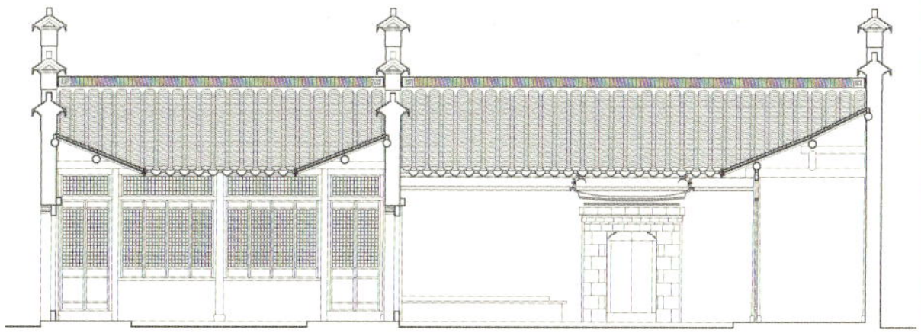

二进背立面图　0 1 2 3 4M

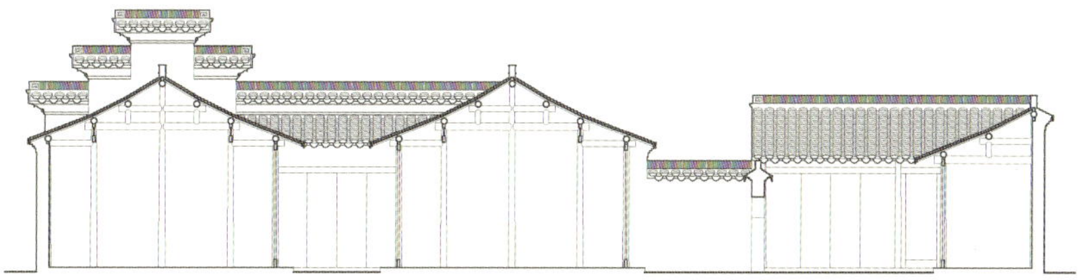

东路剖面图　0 2 4 8M

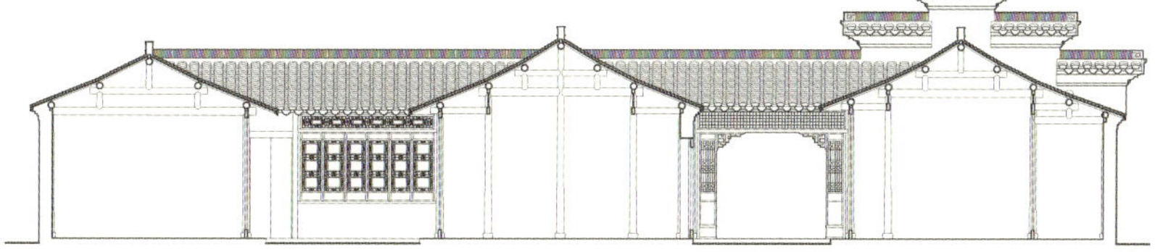

西路剖面图　0 2 4 8M

⊙扬州市某宅

⊙扬州市盐商宅院

州、盐城、泰州等地，但长江南岸的宁镇地区不仅在远古时期出土的文物也属于不同的类型，而且长期以来饮食、方言、风俗等方面都与北岸的江淮平原具有一定的区别，所以狭义的淮扬仅指汉时的临淮、广陵二郡，唐宋的楚、扬二州，元代的淮安、扬州二路，明清的淮安、扬州二府。历史上虽然这两地行政区划并不相同，但长期处于同一亚文化圈，彼此联系密切，相互影响，所以包括建筑形式、构造在内的诸多文化形态都有其同一性。

同样，江淮之间也是中型以上的住宅逐渐与相邻地区拉开距离，在平面布置上有强调轴线的，但其大门往往偏于东南。或许是相对于江南比较干燥，内宅多用单层的平房。而在前堂两侧普遍置游廊，有些则将游廊加深，形成两庑。

淮扬地区大型府邸中轴线上的房屋大多亦为五进到七进，大门居于中轴线上的并不太多，一般是偏于东南辟门，入门为一区小院，由小院转而进入位于轴线上的二门。二门的作用与苏南府邸中的轿厅相仿，只是采用了门厅的形制，也就是在明间脊柱内侧安门扇。二门之后是大厅。按规定大厅的面阔也只能用三间，但因实际的需要常常会突破规定，建成五间甚至七间，为避免与规定发生冲突，往往在次间外侧的柱间用板壁、屏风门，前院用院墙予以分隔。楼厅被置于大厅之后，通常有两到三进，带有两侧厢楼，厢楼与前后楼厅之间可相互兜通。

淮扬地区大型府邸的中轴建筑与次轴建筑之间也采用巷弄分隔，在当地称之为“火巷”，由此可以看出其所具有的隔火、防火功能。

⊙徐州市窑湾碉楼

4. 苏北地区的乡村民居

在一般人的印象中，江苏是以长江为界，分作苏南和苏北两大片。但按照现在江苏省通行的区域划分，则将南通、泰州、扬州3个省辖市，共22个县（市、区）定为苏中，而苏北仅指徐州、连云港、淮安、盐城、宿迁5个省辖市。然而若按地理环境看，今天定义的苏北，其南部仍属于传统的江淮平原，当地的文化与江淮地区相近；西北属黄淮平原，如徐州地区地处黄河故道，“东襟黄海、西接中原、南屏江淮、北扼齐鲁”，其习俗更近相邻的山东；东北的连云港属鲁中南丘陵与淮北平原的结合部，西北的云台山原是沂蒙山的余脉，所以与山东也有着千丝万缕的联系。这在当地的方言上也可以看出其文化的差别，徐州市、宿迁市市区和连云港市赣榆县等地属于中原官话区，而其南部的淮安、盐城地区则以江淮方言为主。其民居建筑同样也可以看到这样的区别，所以这里探讨的“苏北”建筑即乡村，仅指与山东民居具有一定联系的徐州、连云港等地的乡村建筑。

江苏北部的黄淮地区，乡村住宅的形制已接近山东，建筑平面布置成三进两院。第一进设为三到五开间，正中的明间辟为大门，也有偏于东次间的，余为倒座。第二进为三间穿堂，第三进是三间上房。前后院落两侧置厢房，一般后院的厢房比较严谨，均为面阔三间，进深六七架椽；而前院的厢房相对较随意，有三间也有四五间的。

由于过去江苏北部的经济长期弱于苏南，大型府邸原本较少，加之社会发展，旧住宅被大量改造、拆除，因而如今已经很难在苏州和扬州地区之外再见到规模宏大的府邸了。

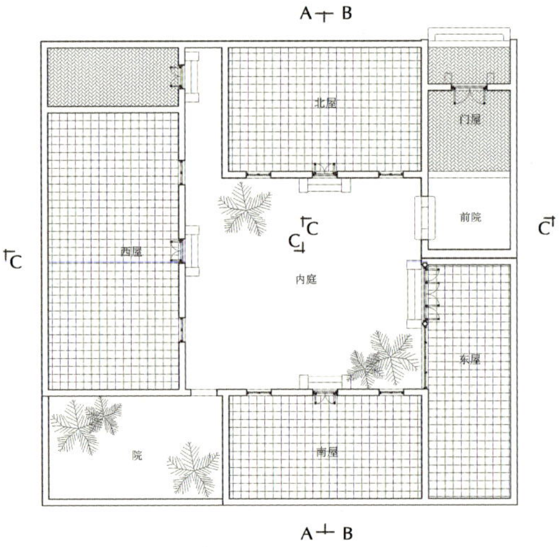

平面图 0 2 4 6 8M

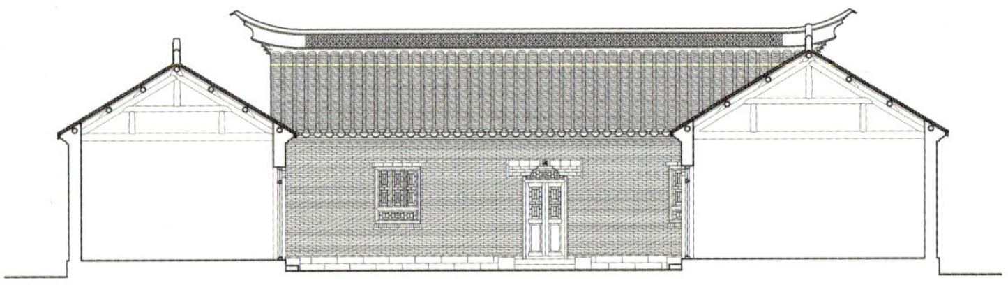

A-A 剖面图 0 2 4 6 8M

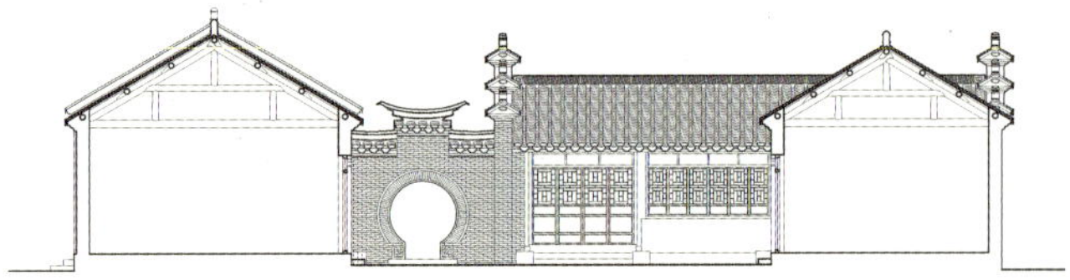

B-B 剖面图 0 2 4 6 8M

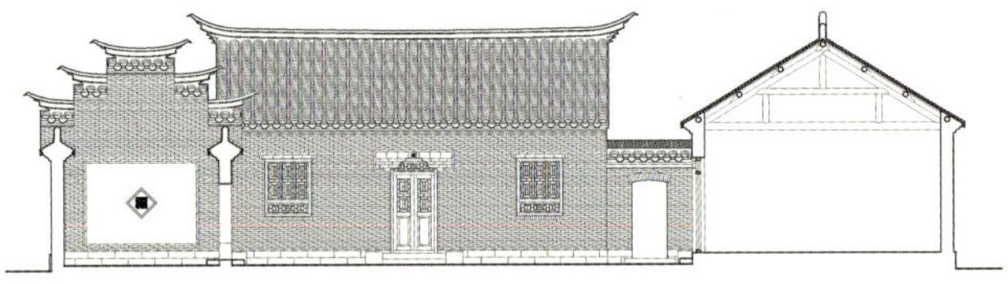

C-C 剖面图 0 2 4 6 8M

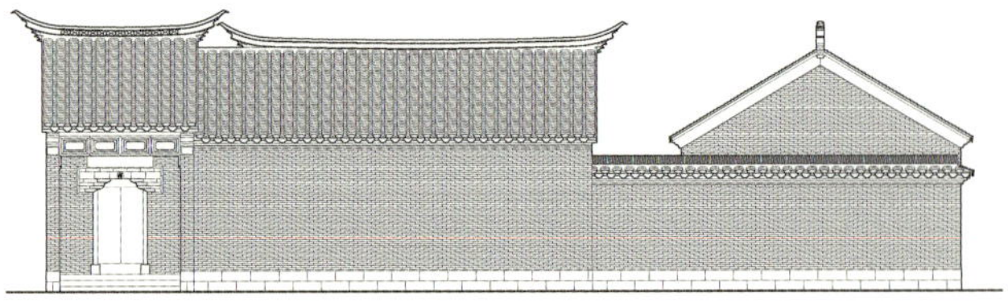

北立面图 0 2 4 6 8M

⊙徐州某宅

召稼楼

召稼楼位于上海市闵行区的浦江镇东，北靠沈杜公路，之前名为“革新村”。历史上这里曾一度为农副产品交易的集市，且因明工部右侍郎谈伦之子谈田在此建楼，鸣钟以召农耕，故名“召稼楼”，亦被称之为“召楼”镇。如今村内还保留了不少清代、民国的建筑。

1. 历史沿革

相传在800多年前的南宋时期，这里还是大片尚待开垦的荒滩，一户谈姓人家利用当时朝廷“垦荒之地，可免三年朝粮”的优惠政策，招纳流民垦荒种田，由此形成了村落，之后奚、谈、沈三姓世居于此。

明代初年吴淞江、黄浦江下游壅塞，致使苏州、松江府一带大水泛滥。永乐元年（1403），里人叶宗行以诸生身份上书当时在江南治水的户部尚书夏元吉，建议于吴淞江上游开夏驾浦入刘家港以分水势，放弃下游故道；再开浚县东北的范家浜，接通黄浦，汇并吴淞江，以增强水势，冲泻入海。夏元吉采纳了这一建议，数年后不仅“水患大解”，黄浦江两岸的水系也得到了梳理。

经过对浦江水系的疏浚治理，当地“水道四通，航运便利”。在明代嘉靖至万历年间（1522—1620），因其位置的优势，逐渐成为四乡村民交易的集市，后谈田于此修建了“召稼楼”，人们因此而称之为“召楼镇”。而谈田之弟谈寿则在附近筑有“朋寿园”，俗称“谈家花园”。据记载，园林占地40亩，有峰峦岩岫72座，亭台馆榭13所，桥梁谷洞21处。可见世居于此的谈氏家族其宅邸必然也颇具规模。

集镇在清代中叶以后开始衰落，清光绪初，尚有店肆60余家、居民百余户，到上世纪50年代仅余小店数家，因此在上世纪后半叶被视为村庄，命名为“革新村”。但由于曾经的繁荣，以及近邻十里洋场上海的缘故，其中至今保留了礼耕堂、宁俭堂、梅月居、赵元昌故居等晚清及民国建筑。

随着传统民居尤其是古村、古镇为越来越多的人所重视，在当地有关部门的协调之下，召稼楼于2008年开始进行了古村修复、改造与开发，如今已成为上海古镇旅游的重要景点。

2. 形态格局

召稼楼是个亦村亦镇的聚落，其间有老姚家浜、复兴港、刘家河等河道贯穿而过，形成三华洋（“丁”字形水道）、四华洋（“十”字形水道）水系。近似“廿”字形的河道与四周水网密切相联，在依靠舟楫作为主要交通、运输工具时代，无疑是一处重要的交通枢纽。

与江南绝大多数市镇一样，河道的交汇处因方便四乡村民驾船往来，若距离合适，常会发展成商品交易的集镇的中心。所以在东西向的老姚家浜、复兴港和刘家河之间，因与四周乡、镇的距离合适，故逐渐形成了集市，而人流的集散又令各种服务性的商铺应运而生，于是前街后河的街市开始出现。

尽管历经兴衰，召稼楼依然可以看到当年集镇的痕迹，主要街道有老姚家浜两岸的平西街、兴东街、纯佑街以及刘家河西岸的保南街。街道两侧还有小巷向纵深伸展，街巷之间时而可以发现古老的民居建筑。

3. 特色建筑

（1）宁俭堂

宁俭堂位于村落的东南，是南社社员、近代诗人奚燕子的故居。

建筑为清代构筑的平房，面南正房五间，覆以出檐较大的歇山顶。东、西连以硬山厢房各两间，前面用高墙围合，形成单进三合院。院墙正中设水作门楼，以作为主入口；在厢房内侧与正房之间另辟东、西侧门。梁上有卷草纹雕饰，但构架较细，既显示了昔日主人的身份，同时也反映了当地民居的特点。屋内还残存有彩色玻璃，又说明了当年的时尚以及主人所具有的经济实力。外檐墙设有间柱，墙体砌于间柱的内侧，使外墙形成由间柱分割的块面，给人以明快之感。配合了出檐深远的屋面以及质朴简洁的屋脊依旧体现出旧时的气势。

从建筑的现状看，其东西两侧似乎还应有跨院，至少现存建筑的北侧应有后院，其中可以安排厨房及柴房。

宁俭堂过去属于当地望族——奚氏家族所有，上世纪50年代之后始有异姓迁入，数十年间，房屋的空间被分隔、改建，门窗等经装修大多作了改动，但建筑的主体结构并未发生太多的改变，天井中用青砖垒成的小井、其旁的铺地、苔痕都向人们述说着建筑的历史和岁月的沧桑。

（2）梅月居（梅园）

梅月居也是召楼奚氏的旧居之一，亦称“梅园”，位于村落南侧，与宁俭堂隔河相对。其规模较大，现存建筑始建于清代，占地3232平方米，建筑面积约2057平方米，人称“九十九间屋”。

现今的宅院坐北面南，稍稍偏东，为砖木结构的平房。东西三路（三条轴线），前后三进，第三进之后还有后天井。前后天井的两侧用厢房、长廊相联，厢房和长廊的中间辟门，以沟通各个院落。堂屋使用七架雕花木梁，其余梁架相对较细，与宁俭堂相似，说明这两座宅邸建造年代相近。东西三路的前后正房屋面联为一体，正脊贯通，在两端做成歇山形。

该建筑亦在上世纪50年代之后始有异姓迁入，如今全部由当地居民居住、使用。

（3）礼耕堂

礼耕堂是召楼奚氏九世孙奚之炬（字镜湖）的宅第，始建于清代乾隆五十八年（1793）。取意于《论语》“富而不骄，不若富而好礼……礼者，敬也”。

建筑坐落在村北老姚家浜的北侧，坐北朝南偏东，东西三路，前后五进，前两进临街，现被用作店铺；第三进现为当地居民居住、使用；第四进中路为正厅礼耕堂，在早几年，这里曾被用作村老年活动室，如今已被迁出，建筑亦做了修复，呈现出传统厅堂的高敞与端庄；四进边路与最后一进二层的堂楼，亦为当地居民居住。

由于晚近以来的超负荷使用以及近年的修复、改造，原先的建筑构造多有改变，但从尚保留的构架、部分建筑细部、甚至一砖一瓦中，依然可以感受到奚氏大族在这数百年前的生活状态。如前面的房屋均用圆作抬梁式结构，虽构件较细，但在桁间仍施用了牌科，其建筑的讲究可见一斑。由于街市地带用地紧凑，所以建筑出檐较短，山墙采用跌落式屏风墙，以保证彼此间的火灾防范。堂楼设有腰檐，上置前廊，其栏杆做成各色图案，古朴而典雅。厢房的侧门用青砖砌作圆券状，如今虽已破损，但还能见到砌筑的线脚。

如今礼耕堂正在逐步的修复中，但愿能够再现这座老宅昔日的风采。

（4）赵元昌故居

赵元昌是上世纪30年代前后召楼镇的商人，曾在当地开设商号，经营南北杂货，平西街、兴东街及保南街都有其商铺。其故居位于保南街，面西朝东，为前后二进的楼房。临街的一进为七楼七底（面阔七间的两层楼房）的店面，二进用作赵氏的生活起居。前后进之间有围墙分割。

虽然赵元昌宅仍采用传统的砖木结构，但山墙、侧门以及窗框、窗楣都使用了西洋要素，是当时流行的中西合璧式建筑。

（5）资训堂遗址

资训堂亦为奚氏邸宅，位于村北老姚家浜的南侧，复兴港与刘家河之间，占地约3190平方米。该建筑兴建于清朝光绪年间（1875—1908），是一所既有中国传统特色又兼西洋风格的华丽邸宅。

据记载，资训堂坐北朝南，东西三路（三条轴线），前后三进，平面呈中轴对称，略近正方形。宅内有正厅、内厅、后厅，用游廊相互联系。中路两侧设有备弄，用以分隔左右。入门后的第一进天井开敞而富有气派，之后的天井相对缩减，但由于尺度适宜而倍感亲切。由此形成了层层深入、秩序井然之感。因采用了西式建筑与传统民居相结合的布置，常给人以错落有致、对比强烈的感觉。建筑内部的构件上广泛施用了木雕、砖雕、陶雕、石雕等处理，加上其材质上乘，雕刻精良，题材丰富，因而被誉为“浦东地面上最摩登的府邸”。

遗憾的是上世纪的一场大火将这座豪宅毁于一旦，仅遗留下了用青红砖镶砌的漂亮门券。

4. 桥梁

召稼楼地处水乡，为通行之便，历史上曾建有很多桥梁，据史料记载，村落内外知名的桥梁有：报恩桥、南山桥（面对奚氏祠堂，俗呼“祠堂桥”）、谈祠东西木桥、衍庆桥、广济桥、万济桥、孙家木桥、福善桥、仁善桥、连家石桥等，其中绝大多数因久远而塌毁，且由于浦东在当代经济较为发达，为了适应当代的生产，其中不少在上世纪50年代后改建成了水泥桥。

随着召稼楼的修复、改造与开发，村域范围内逐渐用传统样式对一些桥梁进行了重建，其中有跨老姚家浜的召稼楼桥、礼耕桥、报恩桥、瑞徽桥；刘家河上的刘家河桥、道南桥、宁俭桥；横跨于复兴港的复兴桥、资训桥、纯佑桥、礼园桥等。

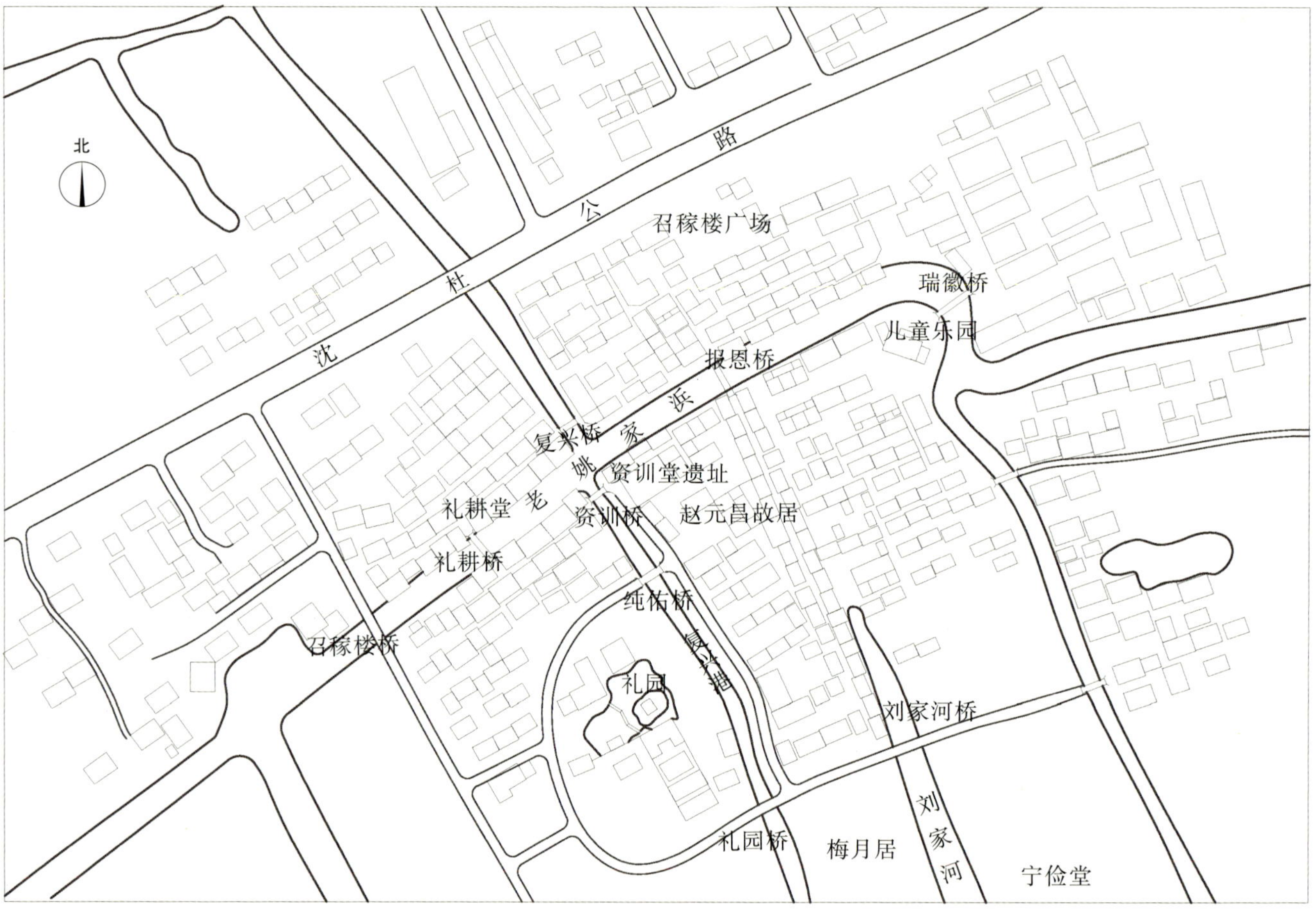

召稼楼总平面图

0 20 40 80M

⊙资训堂西洋式砖门楼

⊙小巷民居上的西洋式门楣

西洋式半圆形门楣

门侧砖礅上的卷草纹装饰

礼园入口

礼园院落

叶宗行纪念馆

梁架与椽子

屋脊与山墙

梅月居

砖雕门楼

院落

村中的河道

入口的牌楼

宅院一角

礼耕桥与临河民居

禮耕橋

临河民居、小桥及河道

民居山墙

沔青村

沔青村位于上海市浦东新区康桥镇的东部，东与孙桥镇新丰村、黄楼镇棋杆村为界，南与人南村为邻，西、北与人西村毗连，川周公路、城市外环线与康桥东路横贯南部、中部、北部地区，全村区域面积为1.71平方千米。

1. 历史沿革

沔青村形成于何时已无据可查，但至迟在清末，因当地的区位优势和交通的便利，横沔港与盐船港的交叉口逐渐形成市集，称横沔集镇。上世纪四五十年代，横沔周围的一些年青人曾自发组织一个业余剧团，名为沔青剧团。之后在人民公社运动中建立生产大队时，即取名为沔青生产队，80年代改名为沔青村。

2. 形态格局

在江南，河道是过去重要的交通孔道，河港的交叉口若位置适宜，常常会自发形成商品交流的市集。而横沔港与盐船港的交叉口正好符合了市集形成的诸种条件，因而也就开始逐渐发展。

与当地绝大多数市镇一样，横沔也在傍河依水之地陆续进行建设，形成了河街平行、街道盘曲、铺面栉比的格局。另有与老街相联的数条小巷，向深处延伸，以通向各家各户。集镇中的石板街巷、临街店铺都展现了江南集镇的特色。

然而因当地经济起步于清末，虽然整个村镇的形态依然保持了过去的传统，建筑的结构也延续了以往的做法，但由于近代中国受西洋文化的入侵，尤其是地近上海，所以在当地的建筑之上可以明显地看到外来的影响。

如今沔青村还较好地保留了翊园、华氏宅、凤家厅以及不少临街的传统建筑。

3. 特色建筑

（1）临街铺面

在横沔老街上，临街的传统建筑多有保留。这些建筑为一到三开间的楼房，以两层三间为多。有些在其后部筑为二进，形成合院。过去临街的底层用于商店、作坊，楼层及后进为主人的居室。受上海近代建筑的影响，也有增设三层阁的，其形象与传统稍异。

临街建筑采用传统的砖木结构，深六七界，其楼层在临街一侧出挑，以增加楼层面积。在老街的中心地段，因建筑密集，为防火的需要，都用带封火山墙的硬山顶。保留传统较多的通常采用当地流行的“观音兜”形式，而一些受上海近代建筑影响的山墙，则在顶部做成半圆形。离中心地段稍远的，有用悬山屋面，且屋架露出山墙之外，显现了当地的特色。

过去，临街建筑的底层主要用门板，随着时

代的变迁，如今大多被改作门窗；楼层有在两柱间施用通间楼窗的，但也有只是当中开窗，两旁和窗下用板条封护，板条下部截成如意形，从而省却了“雨榻板”之类的构件。

当然在老街的外围，也还存有不少单层的传统民居。

（2）凤家厅

凤家厅位于花园街，为当地一座建于清末的规模较大的民居，现存建筑前后三进，单层，占地达1600平方米。

第二进保存较为完整，通面阔九间，在屋面上用竖带（垂脊）分作三个三开间，而在室内则每间都以隔墙予以分隔。进深十界（十步架），后面用深一界的后廊。

室内所有柱子均落地，前后柱端以眉川（抱头梁）、夹底（抱头梁下的枋子）相互联络、拉结。柱头均用牌科（斗拱），以承托桁条（檩条）。脊柱牌科之上置山雾云（脊童柱两侧的雕饰构件），金柱牌科之上用枫栱（大斗前部安置的帽翅状装饰构件）。前后檐桁、步桁的连机下施檐枋和步枋，步枋与连机间置装饰性“一斗三升”桁间牌科（平身科）。

明间的屋架上大多作了雕镂，除眉川、山雾云、枫栱、垫栱板之外，步枋、夹底上都施用了雕刻，可见当初属于一座豪华的宅邸。

明间的正面，当中辟长窗六扇，两侧下砌半墙，上为半窗各两扇；背立面的当中用六扇长窗，与正面相似，而两侧的半窗（槛窗）下用裙板。明间两侧各间的门窗都有改动，已非原貌。

（3）华氏宅

在泖青村还能见到数座民国时代的石库门建筑，其中坐落在花园街的华氏宅颇具特色。

华氏宅三层，建于1935年，通体用红砖砌筑，正面置水刷石门楼，当中置传统的石库门，石门框的上面施数皮简洁的西洋式线脚，其上为水刷石门额。再上用叠涩压顶。门楼之上施有简洁的青砖叠涩墙檐。

（4）翊园

翊园，俗称“陈家花园”，为民国初陈文甫所建。因陈文甫曾是19世纪末、20世纪初上海地产大亨哈同的管家，也是哈同义子，据称翊园有模仿哈同花园之意，所以时人也将翊园俗称“小哈同花园”。该园兴建于1921年，竣工于1924年。园区占地18731平方米，三面环水，既有当时江南园林的特色，又融入了西洋花园的诸多处理手法。

翊园正门，前临河道，并设码头。进门是由石笋、松树等组成的花坛，环绕花坛筑有园路，路面用五色卵石铺成，有“丹凤朝阳”“麒麟送子”“松鹤延年”等花鸟景物构成的吉祥图案。园路又往三面伸展，“凌霄古藤长廊”两旁多栽桂花，占尽春秋风华；猴潭一带，灵石巧叠，曲桥穿连，亭阁隐现其间。院内还有樱桃、梅林、白莲池。园内一幢二层的洋楼，为园主的居所。

翊园在上世纪50年代一度成为横泖的敬老院，1960年改为上海市第二精神病疗养院。近年园地有所扩建，原来游览景区基本保持原状。

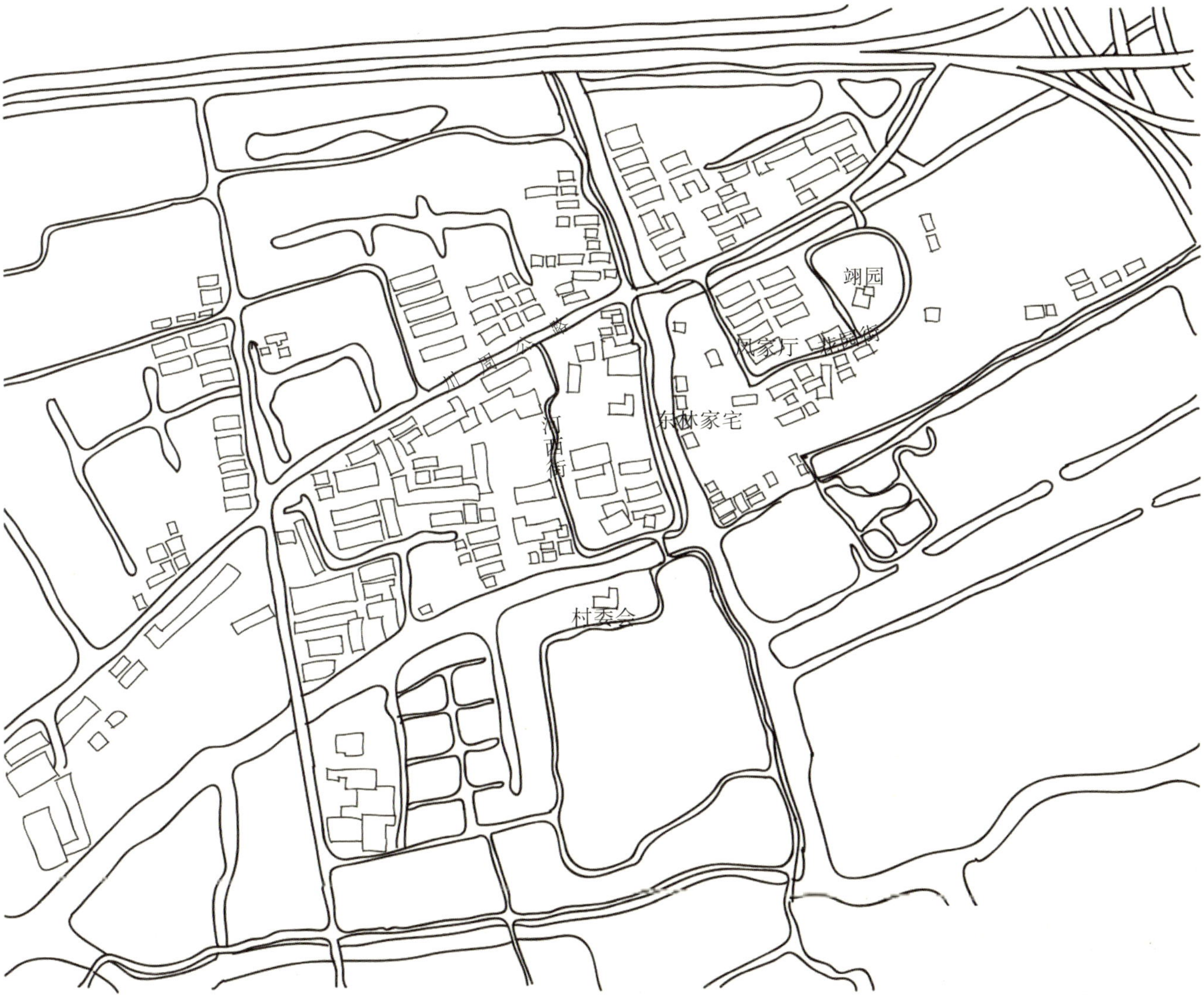

⊙汚青村总平面图

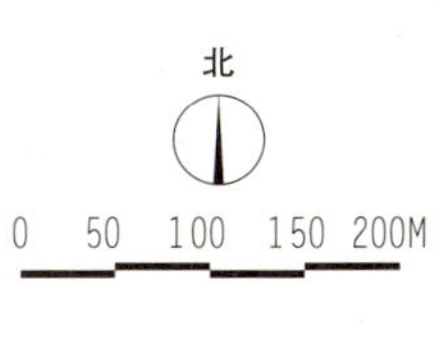

⊙依河的街巷

⊙环绕整个村镇的河流

⊙临街楼房

⊙临街民居

凤家厅大厅正立面

凤家厅大厅背立面

凤家厅边贴构架

凤家厅椽枋

凤家厅柱头枫拱

凤家厅门环

⊙翊园入口全景

⊙抱鼓石

⊙抱鼓石

悬山山墙与硬山山墙（观音兜）

⊙与河道比邻的街巷

⊙石板铺地的街巷

临街民居

面河民居

⊙西洋式门楣

⊙民国时受西洋风格影响的建筑

新场

新场位于上海市浦东新区的西南，沪南公路南汇段的中间，属南汇区的中心地带。距上海市中心约36千米，离南汇城区12千米。其东连宣桥镇，西接航头镇，南与奉贤头桥镇相接，北与周浦镇相邻。

1. 历史沿革

上海的浦东原是江海冲积平原，在江流和海潮的相互作用下，由积聚的沙洲逐渐连片成陆。距今1700到1000年前，下沙沙带以东至今里护塘故址之间的浦东中部、黄浦江以西地区已成陆。新场一带大约是在唐代中期形成滨海滩涂，之后岸线向东、向南推移，陆地也不断向外扩展，经历1200余年的变迁，遂有今天的南汇、川沙。

唐末钱镠建吴越国以后，今天的浦东下沙一带尚属沿海滩涂，人们开始在此煮海晒盐，出现了制盐之业。宋、元时，黄浦江的前身——东江的入海口被华亭设为“下沙盐场”。因古代制盐业的官营性质，故南宋建炎年间（1127—1130）在下沙盐场设立盐监，下有团、灶等机构。盐区主要建于沿海的滩涂地带，其内则被垦殖而形成农田。随着成陆面积的逐渐扩大，海岸线向东、南推移，盐区亦随之向东、南迁移。位于下沙盐场之南的新场，最初只是盐民扩充的海水晒盐南场，之后盐区继续南移，原先晒盐的场所逐渐成了盐民居住、食盐集散的地方。元代初年，两浙盐运使司松江分司迁衙于此，盐贩、商人也开始到此定居，于是新场因盐而成镇，人口急剧增加。鼎盛时的新场商贾云集，镇内有酒楼酒肆，其繁华程度甚至超过当时的上海县城，成为浦东平原的第一大镇，有“新场古镇赛苏州”之誉。

之后因盐场迁移及社会变迁，镇市逐渐衰落，但穿镇而过的市河上遗留的一座座石桥，傍水而筑的无数传统民居，依然在述说着曾经的辉煌。

2. 形态格局

江南地处水乡，这里的乡村、镇市都会与河道构成密不可分的联系，它们大多傍河而建、依河而兴。新场的发展也与这里密布的水道有关，最初人们为修筑海塘，需要在岸线近旁开河取土；而为晒制食盐亦需在滩涂上挖掘引海水的小河，新场就在这纵横交错的河道间应运而生。包家桥港、洪桥港、新港、东横港等四条主要河港在此交织，形成了“井”字形的聚落空间。

自元代两浙盐运使司在新场设立下属机构，

逐步形成了新场大街、东后街、洪东街、洪西街等主要的商业市街。市街纵贯镇区，联系着诸多巷、弄，形成镇域的空间骨架。在新场的鼎盛时期，市街之上茶楼酒肆鳞次栉比，山货海味四时不绝（明代弘治《上海县志》）。巷、弄之间则散布着规模不一的府宅民居。其繁华程度甚至超过了当时的县治，成为当时浦东地区的第一大镇。

3. 民居建筑

尽管沧桑变迁，过去的繁华已经不再，但如今这里依然保存了成片的古建筑。

新场的单幢传统民居一般为单层或两层，街市地段用地紧张，以两层的楼房为多，面阔大多三间，亦有一间、两间的，少部分也会达到五间。小巷之中或边缘地带，时能见到单层的平房。小型民居有仅为单幢三五开间的，稍大的是二进或三进的院落式建筑，现存进深最多的是位于新场大街308号的潘氏住宅，其前后有五进。这类建筑临街第一进为平房，常被用作墙门间，其后檐墙的正间当中辟门，常用砖细门楼，过门楼为一方天井，对门是第二进的客堂，天井左右或直接用墙垣相联或联以一两间厢房。第二可以是单层的平房，也可为两层的楼房，若为平房，主要被用作待客的客堂，其后面还会有用作居处的堂楼；如果是楼房，则一般底层用于会客，楼层作为卧室。家庭人口较多，可以在后面再加一两进堂楼。最后一进往往是用作柴间、灶间或帮工住所的平房。

（1）奚家厅

奚家厅位于新场洪东街122弄，始建于明末，清代重修。建筑坐北朝南，面对洪桥港。原先奚氏住宅有东、西两部分，中间设备弄分隔，现存备弄东侧部分，前后三进，占地约1250平方米。沿街第一进为五楼五底的街面房，底层正间辟为墙门间，门楣雕镂着人物故事，画面精美。墙门间后檐墙设置歇山顶的砖细门楼，因年代久远，损坏较严重。门楼内天井的两侧是厢房，正面是面阔三间的正厅，其前用前廊，内设船篷轩。正厅之后用门楼界分内外，过门楼即为内宅部分。内宅在主体是五楼五底的楼房，楼前的东、西各置两开间厢的楼。

（2）潘氏北房

潘氏北房坐落在新场大街308号，建于清代。建筑坐东朝西，原先前后有七进，现存五进，是新场进深最大的宅院。临街的第一进是平房，面阔五开间，被用作店铺，正间后檐墙辟门，可通往内宅。二进是堂屋，第三、四进是楼房。二进堂屋的后檐设走廊，与天井两侧的游廊、三进底层的前廊相围合，形成四周能兜通的回廊。第三、四进的楼房左右厢楼亦前后联通。最后一进是后来搭建的附房。

（3）嘉乐堂

位于新场大街258号的嘉乐堂建于清代晚期，是一座较为精致的民宅，前后三进。第一进是店面，二层。底层店面正间的后檐墙上置砖细门楼，门楼题额有“业精于勤”四个大字。门楼内的天井不大，两侧院墙上用琉璃花砖。二进是两层的堂楼，底楼正间为客堂，楼层为居室。三进是平房，当时用于柴间及杂用间。由于建筑的年代较近，加上制作精良、保养得当，至今仍给人以精致、完整的感觉，是当地保存最为完好的民居之一。

（4）王和生宅

王和生宅建于民国初年，是融东西方理念于一体的建筑，前后四进，两侧的封火墙保存完整。建筑制作精良，门窗尽是从意大利进口的轧花玻璃，客堂的马赛克铺地在经历了百余年后依然完好如初。

4. 街市建筑

在新场最为兴盛的时期，长达数百米的市街两侧各式店铺鳞次栉比，不仅有茶馆、饭店、栈房，南北杂货、百货、各色作坊等应有尽有。全镇商店有二三百家之多。随着岁月的推移，受明代倭寇烧掠、清代大火等影响，镇市逐渐衰落。清末在“匪扰后，屋舍焚毁，名迹就湮，今虽复成市，寥落处犹多”（清代光绪《南汇县志》）。因此许多临街的商店、铺面逐渐散为民居，但至今还保留了像谢氏商铺、正顺酱园、新和酱园、叶氏花行及信隆典当、张信昌绸布店、奚长生药店、第一楼茶园等一些颇具规模的著名店铺，其格局基本完整。

（1）张信昌绸布庄

绸布庄位于新场大街271号，这里原是建于清代中期的老宅，前后四进。张氏接手后于清末作了改建。临街是三楼三底的店面，其旁原先还有两间单层的平房，后被拆除。店面背后建有门楼，可通向内宅。第二进三间前厅，被改成中西合璧式的建筑，其外观虽然保留了传统造型，但门窗及大厅却采用了西式的装饰，轧花彩色玻璃、马赛克铺地以及厅前门楼上的西式立柱等都给人以当年的时尚特征。第三进为五间堂楼，前附两开间的两厢楼。第四进为单层平房，两侧各带有一间厢房。住宅最具特色的是当年在第四进左侧房内有一座木桥通向对岸的花园。如今花园已废，而原花园内园丁住房及工棚尚存。

（2）信隆典当

位于新场大街367号的典当初建于清代光绪年间（1875—1908），建筑面积1500平方米。2006年修缮后改造成新场历史文化陈列馆，馆内介绍新场的历史、盐场的演变、当地的民俗、宗教及建筑。

（3）第一楼茶园

第一楼茶园始建于清代同治年间（1862—1874），相传是富户周肃清所建。初时为平房，宣统年间（1909—1911）改建成三层，20世纪30年代初开设书场，其底层用于饭店，二楼为茶园兼书场，三楼充作艺人的卧室。因当年极其热闹，高度为新场之最，故被誉为“第一楼”。

5. 宗教建筑

过去新场的宗教活动场所较多，元、明、清以来兴建的寺观有十数座之多，较有名的佛寺有南山禅寺、永宁教寺（北山寺）、雷音寺等，道观有杨社庙、东岳庙、青龙庙、晏公祠等，甚至还有耶稣堂。随着时间的推移，大多数寺观在天灾、人祸中或坍塌、或拆除、或改作他用。目前还存有南山禅寺、东岳庙和耶稣堂等。

（1）南山禅寺

南山禅寺俗称“南庵”，位于大街南端，元大德十年（1306）始建，初名“常寂庵”。后毁，清初重建，易今名。该寺原有房屋38间，后独存大雄宝殿和一排僧舍。寺后原有古银杏3棵，现存2棵。2001年之后寺庙进行了扩建，重建天王殿、圆通宝殿、钟鼓楼、地藏殿、方丈室等，开设居士林、南山书院等文化艺术的交流场所。

（2）东岳庙

东岳庙又名“郭家庙”，位东洋桥畔（沪南公路边上）。明永乐十六年（1418）为郭姓还愿所建。嘉靖间倭毁，万历十七年（1589）重建，清代光绪二年（1876）里士谢家树倡捐修复。据县宗教事务科1984年调查记载，“该庙有砖木结构平房一正一厢七间，计二百三十一点五平方米”，解放后佛像无存，房屋由新场房管所代管。1987年，县宗教事务科修复，改名“东岳庙”，仍祀东岳帝等佛像，并按原样布置，作为县道教协会活动场所。

（3）耶稣堂

耶稣堂位于东后老街37号，建于1949年，为西式教堂传统样式。墙面由清水小红砖砌成，钢屋架，窗户均为细长尖拱形三瓣式花窗，在上海地区耶稣堂中颇具特色。2002年5月，耶稣堂被列为文物保护单位。

6. 桥梁

江南水乡河道众多，人们为出行、交通的方便建造了无数的桥梁。在新场旧时也曾有不少桥梁。

洪福桥坐落在北大街与洪西街、洪东街的交汇处，始建于明代，清代乾隆四十七年（1782）重修，是古镇保存完好的古桥之一。

包家桥横跨包桥港，由御医沈文正建于明代正统八年（1443），据称沈氏出于方便百姓而捐资兴建，故当地又称其为“受恩桥”。

千秋桥在洪东街东端，跨东横港。始建于清代康熙年间（1662—1722）。经1983年整修，目前被列为文物保护单位。

千秋桥
奚家厅
洪福桥
第一茶楼园
朱梦莱宅
新场大街
信隆典当
新和酱园
牌楼东路
东后老街
耶稣堂
嘉乐堂
北
0 25 50 75 100M

新场总平面图

临河民居及小码头

河道

埠头

⊙临河民居

⊙楼厅内景

前后兜通的走马楼

走马楼的室外楼梯

⊙人物故事木雕(一)

⊙人物故事木雕(二)

⊙人物故事木雕(三)

南山古寺山门

石梁桥

受西洋风格影响的民居

民居木雕门楣

石梁桥

面水民居

⊙观音兜山墙

⊙五山屏风山墙

练塘

位于青浦的练塘，东距上海市中心约60千米，与青浦镇相去18千米。其地南近松江，西接浙江嘉善。

1. 历史沿革

练塘亦称“章练塘”，传说三国时期吴国曾在此操练水军，修建池塘，因而得名为“练塘”；也有说五代时章仔钧及夫人练氏曾在这里居留，故被称之为“章练塘”。

明末清初，当地为吴江所辖，距县治相去甚远，却与长洲、青浦、嘉善接壤，特殊的地理区位以及当时的商品经济发展，促使其逐渐发展成商品集散之地——市镇。到清代乾隆年间（1736—1795），已经成为店肆林立、居民百余户的大镇。

2. 形态格局

与江南绝大多数市镇一样，通达的河道往往是街市兴盛的起点。练塘四周由河道环绕，其中有市河贯穿，市镇在市河的两岸逐渐形成。

据民国《章练小志》载，当时镇域的规模为东西4.5千米，南北3千米。东、西、北三面各有水栅一座，北面设有两处。东面以上塘界桥为止，西侧以下塘界弄为限。内有东、西两市。东市颇繁华，周围街巷密集，上塘有太平桥、北栅口、惠世庵场、小白场、新街、大白场、旗杆场、单家浜、轿子湾、典当场、圣堂场、油车桥、界桥头；下塘有李岸、丁王浜、校场头、衙门场、李夏港、南栅、混堂浜。西市稍逊于东市，但也有上塘周边的高廊栅、酱园场、淳塘里、观音阁、急水路、西衙门场、西栅口；下塘附近的小独圩、潭址里、毛家岸、冯家栅等。还有不少小巷与之相交接，如萧家弄、许家弄、北庄弄、典当弄、猪行弄、徐家弄、王家弄、祠堂弄、界弄等，由此构成了这里的空间骨架。

3. 民居建筑

虽然经过了社会的变迁，在练塘市河的两侧依然保留了石板铺设的市街，一条叫“上塘街”，一条叫“下塘街”。居民在街市两旁的传统建筑中恬静而率性地生活着。

过去上塘街店铺林立，至今依然保留了数家米行、酱园、竹木行、南货店、烟杂店等。店铺基本为传统的两层的楼房，间而可以见到几幢带有近代山墙的建筑，可见其染上的时代印迹。上塘街的建筑进深较浅，大多为单进的街面房，过去楼层为住宅，底层作铺面或作坊。街市中段有一座过街骑楼，如今楼下一侧是杂货店，一侧是家书印社。一座原先的酱园贴水而筑，从对岸就能看到墙上大大的“酱园”二字，还有临河的埠头，楼层设带木栏的大晒台。西头可以见到的一座老式石库门建筑，原先为酱园，如今已经散为民居。街东有一座西式旧院，拱形门券上“青浦县公安第二分局”几个字仍依稀可辨。

下塘街的建筑多为院落，有一正两厢的三合院，也有两进的四合院。过去这些宅院对外封闭，不开窗户，现今为改善通风、采光而作了改造，但临街窗户依然较小，还延续了“内向性”的传统。这里最大的建筑是颜安学校，据称建于清末，是由早年的书院改造而成，虽然经历了百余年的沧桑，但其中的院门、回廊、照壁、小园等仍然散发着历史的气息。校园旁边还有一座建于清代、带有哥特式尖顶的天主教堂，以及修葺一新的陈云故居暨青浦革命历史纪念馆。

练塘的建筑与上海地区其他村镇相似，传统民居为砖木结构，有采用屋架外露的悬山形的，也有采用圆形观音兜硬山顶的，间而可以看到半圆形山顶屋顶，则是受上世纪初上海外来建筑形制影响的。经过近年整治，市河两岸的石驳岸已焕然一新，其间保留了透露着历史气息的桥梁、埠头。据统计，如今还保留了明清建筑约1.8万平方米。

4. 陈云故居

练塘是陈云的出生地，因其父母早亡，自幼被舅父母收养，所以陈云故居实为陈云舅父母的家。

故居北依市河，南临西塘港，是一座坐北朝南、面阔三间、前后两进的砖木结构传统住宅。临街原是深六界的平房，被先后用作裁缝铺和小酒店，之后在其前搭建了出挑的凉棚。店面二进为两层的小楼，是为居所。屋架采用当地传统形制，构架较细，立柱全部落地（不用童柱），墙体较薄，使室内外构架显露。屋顶为悬山式，两山出挑不大。

1959年，故居被列为县级文物保护单位。20世纪60年代曾作整修，但不久后部的楼房被改建。1984年重新进行了修缮，并被辟为展室。之后在其旁兴建了陈云故居暨青浦革命历史纪念馆，纪念馆建筑面积5500平方米，采用了江南风格的建筑设计，以与陈云故居及周边民间建筑保持协调。

东区救火会
颜安小学
练新路
文化路
练新路
文化路
完善桥
老宋枫公路
故居
码头
算盘文化馆
永兴杂货店
伟人足迹馆
陈云故居
练汇路
北
0 25 50 75 100M

⊙练塘总平面图

临河民居

临河民居

⊙拱桥

⊙河道

街巷

民居

颜安小学大门

练塘镇退管会退休干部职工活动室

⊙青浦县公安第二分局

⊙东区救火会门楣

⊙石梁桥

⊙石拱桥

⊙河道

青浦县公安第二分局前石拱桥

拱桥正面(上下桥梁的石阶)

⊙民居院门

陈云故居卧房

陈云故居厨房

陈云故居厨房

酱园

枫泾

枫泾地处上海市西南隅，金山区西北，为沪浙五县区（金山、松江、青浦、嘉善、平湖）十乡（镇）的交接之地。距市中心（人民广场）80千米。南距杭州湾35千米，东距老县城朱泾镇14千米，西距浙江省嘉兴市27千米，北距青浦区30千米，东北距松江区26千米。

1. 历史沿革

枫泾旧名“白牛村”，北宋熙宁间（1068—1077）陈舜俞谪官隐居于此，自号“白牛居士”。因时人推崇陈氏高风亮节，所以也有人将其地称之为“清风泾”。

宋代这里曾置有风泾驿，以通秀州。元代至元十三年（1276）立为镇，称“白牛镇”，设白牛务与巡检司，因其地属枫泾乡，“因乡名镇”，改称“枫泾”。明初在枫泾设税课局，相当于元代的白牛务。明代宣德五年（1430）起，析嘉兴置嘉善县，枫泾镇亦析分南北，南镇属嘉善，北镇归华亭治理。清代顺治年间（1644—1661），析华亭为娄县，枫泾北部归娄县。民国时期设枫泾区，为松江县所辖。1966年10月，划归金山县。清代宣统元年（1909），沪杭铁路于此设二等站，民国26年（1937）通公路。今松枫、朱枫公路在镇东南与沪杭铁路相交。

因枫泾地处松江、嘉兴两府交通要道的交界处，又是江浙界首，在沟通两地经济交往中的地位极其重要，所以“至元明而户口日繁，市廛日盛”，镇上有商铺200余家。由明入清更兴旺，康熙时（1662—1722）“商贾骈集，增厦数千间”，镇上“物阜民殷，巨贾辐辏，称邑都会”。乾隆时（1736—1795）“镇人科第相继，商贩旅集，至今称藩庶焉”。时至光绪朝（1875—1908）“虽区宇只此一隅，而灵秀钟毓，不逊通都大邑。又地为水陆所凑，商贾骈集，田野沃饶，民务俭勤，户号殷富，数百年来未之变也”。《续修枫泾小志》录有金景西诗，描述其地风物：“白牛塘上酒旗中，南北长桥卧彩虹。烟寺晓钟焦叶雨，水楼晴槛落花风。衣冠文物声名蔼，舟楫渔盐利泽通。东望云间酬二陆，举头南向酹宣公。”

旧时枫泾商业繁荣，街巷密布。清咸丰十年（1860），清兵与太平军在此激战，大批民房、街市遭受兵燹而被毁。抗日战争期间，日机轰炸，全镇近三分之二的房舍化为瓦砾，之后市镇衰落。

2. 形态格局

枫泾地处水乡，所以街市是在纵横相交的

"十"字港市河上逐渐发展起来的，并不断向外延伸，逐渐形成沿南北市河长达一千米的商业街。

明清之际，枫泾地处全国棉纺织业生产贸易中心，"所出布匹，日以万计"。据史载："前明数百家布号，皆在松江、枫泾、朱泾乐业，而染坊、踹坊、商贾悉从之。"清代后期，米麸业取代衰落的土布业，使枫泾工商业再度兴盛。所以街市之上除了南北杂货、酒肆饭馆之外还有不少米业、棉布业作坊，形成繁华的商业街。街市之间有小巷交织成密集的街巷网络。全镇有29处街、坊，84条巷、弄，52座桥梁。仅在和平街、生产街、北大街、友好街四处，保存着近5万平方米的古建筑。古镇区的建筑多为明清及民国以来所建，粉墙黛瓦，具江南传统特色。

在经过了沧桑变迁之后，北大街的传统风貌保存最为完整。两层的街面房夹峙着狭窄的街道，给人以犹如回到过去的感觉；临河建筑参差，穿插着驳岸、埠头、门窗、腰檐以及封火山墙的立面也能感受到秀美与亲切。

3. 街市建筑

枫泾旧时街道密集，镇市繁荣，商铺林立。街面房屋均为两层砖木结构的建筑，面阔一到三间。临街一侧大多底层内收，楼层出挑。靠河道一侧进深较小，通常为单进，形成前街后河的格局。背河一侧多为两到三进，前后进之间布置厢房和天井。建筑的木构架较为纤细。通常步柱和脊柱落地，有些建筑还将金柱落地，形成类似于穿斗式的构筑方式。临街的建筑因鳞次栉比，相互之间有防火的要求，所以在建筑密集的中心地段，屋顶多为硬山式，封火山墙施用普遍，有观音兜，也有跌落屏风墙。个别兴建于民国时代的也有采用半圆形封火山墙的。在街市边缘地段，可以见到一些山墙较薄，构架露明，上覆悬山顶的。由此可以了解街市的发展与建筑构造的演变。

过去因长时间作为米业、棉织业的集散中心，在临河多设置廊棚，以作为装卸粮、棉的临时堆场。如今廊棚也被当做江南水乡的一种共同要素而广为运用。

4. 民居建筑

当地的住宅大多为两到三进，面阔三间的院落，前面为单层平房，是为墙门间，有时也会用作店铺或作坊；后进两层，用于主人栖居，从而形成前店后屋的格局。稍大的会有四到五进，墙门间之后设前、后堂楼，有走道相通前后，称走马堂楼。

由于市镇在过去的社会地位不高，当地居民受经济条件制约，民居建筑施用装饰并不多，其结构形制也与临街店铺相仿。

（1）程十发祖居

程氏原籍皖南，太平天国后期，避乱到枫泾，行医为业，在太平坊（今和平街151号）兴建了居宅。建筑为三进二天井，坐北朝南，砖木结构。一进为单层的平房，过去是程十发之父悬壶济世的诊所。后两进是二层的楼房，用作一家的居所。建筑构造用最为普通的圆作，不施雕饰。

现今在经过修葺之后，被用作故居展示馆。恢复了程十发祖父、父亲行医的诊所以及程十发起居的卧室，陈设了程十发部分画作以及生活、创作用具。

（2）朱学范故居（生平陈列馆）

朱学范是中国劳工运动的著名领袖、中国国民党革命委员会创始人之一，枫泾人，祖上数代都居住在此，其父虽在上海当店员，但朱学范童年却在此度过。现位于枫泾新泾路200号的故居，就是他曾经生活的地方。

故居为清末所建，是一幢传统两层的砖木架构三合院。前面原是一座石库门，近年改造陈列馆时添加了徽式门楼。

（3）丁聪漫画陈列馆

漫画馆座落在北大街421号，主体建筑是二层五开间的民国建筑，上下都设有走廊。前面由墙垣围合成院。院墙中辟石框库门，上覆砖细门楼。院内植栽着一棵古银杏，一丛大芭蕉，还有桂花、蜡梅等，显得十分清新雅致。民国小楼现全被用作展示馆，陈列着丁聪各个时期的画作。

5. 宗教建筑

明清时，民间的各种宗教信仰都在市镇之中演绎，街、巷、里、坊常有佛寺、道院甚至教堂映入人们的眼帘。枫泾过去也有不少知名寺观，如曾有唐太宗赐额的仁济道院、规模宏大的梧桐禅院、宋代创建的海慧寺等，但随着时代的变迁都已逐渐毁损，甚至消失在了历史的长河之中，如今还保留的有施王庙、性觉禅寺、天命堂等宗教建筑。

在古代的封建等级制度下，宗教建筑的规模与尺度都大于一般民居，且施用较多的木、石雕刻作为装饰。当地的寺观同样在构造上采用了较民居更高的规制，构件尺寸较大，像施王庙的柱头上施用斗拱等，都体现出了与普通建筑的区别。当然也有如天命堂，由于是来自外国的形制，且时代已到了民国，传统的等级限定的作用力正在消失，所以它的构架方式更多地借鉴了当地民间建筑做法。

（1）施王庙

施王庙坐落在北大街409号，原是纪念北宋名将施全的祠，之后逐渐演变成道教宫观，俗称“施王堂”。从清中叶起，八月初二的施全诞辰日，形成了远近闻名的庙会，庙宇也成了枫泾重要的道教胜地。

庙宇始建于明万历七年（1579），清光绪三十年（1904）重建。施王庙原有前、中、后三殿。现存两进，前殿实际是山门，面阔三间，单檐歇山顶，两侧曾立有石马。经过近年的改建，其形貌已有较大变化。后殿两层，底层面阔五间，上覆腰檐；楼层三间，置歇山顶，外观似重檐歇山殿宇。

在近年的整修中，前后两殿之间重建了配殿，边上设置了供道士起居的生活用房。

（2）天命堂

创于民国初年的天命堂位于今友好街268号，是镇上一座耶稣堂。建筑由旧宅改造而成。改建后的建筑高三层，采用了近代中西合璧式教堂的形制，周围设有附房屋多间。落成之后即成为松江、平湖、嘉善、青浦、金山等地信众的礼拜中心。

（3）性觉寺

性觉寺原名“月明庵”，始建于明万历年间（1573—1620）。清康熙四十四年（1705）南巡时，寺僧本冲被召赴松江，御书“性觉寺”三字以赐，遂名额。咸丰十年（1860）毁于兵燹。光绪四年（1878）重建。1949年寺庙被拆除，1994年4月易地重建。1995年8月正式对外开放。

6. 市政建筑

在我国古代虽无“市政”的概念，但火龙会、邮驿等古已有之。进入近代社会，地近上海的枫泾也逐渐受上海租界市政建筑的影响而使火龙会、邮驿发生变化，枫泾的火政会、邮电局等出现在近代，它们利用旧有的传统建筑，在外观上稍事改造，以尽可能接近租借中的外来形制。

（1）火政会

位于今天的生产街124号的火政会是民国期间枫泾东区近代消防机构，建于民国初年，当时称“龙王堂”（亦叫“救火会”）。当时还在南镇圣堂桥下塘和北镇桃源漾分设两处救火处，今已不存。

火政会址原是一座两层的普通民宅，受当时上海租界救火会建筑风格的影响，门面的墙体被改建成了西洋式。底层改为券门，内安红漆大门，门框作西洋线脚装饰，两旁砌为砖墩。大门之上是楼层出挑的弧形阳台，上、下层之间用西洋线脚分隔。顶上设为半圆山花，内塑救火会标志。山花之下有“东区火政会”字牌。门面之后的建筑则完全是当地砖木结构。

（2）邮电局

枫泾自古有“浙右传舍第一”之称，在宋代就设立了通邮驿站。清末大办邮政，开始发行邮票之时，当地也设立了邮寄代办所，宣统二年（1910）升格为邮政分局。今和平街92号就是当时的大清邮局，陈旧的建筑灰墙黑瓦，檐墙辟一石库门，门梁之上“邮电局”几个大字赫然醒目，使这所保存至今的大清邮局遗存更显沧桑，令人感慨。

7. 桥梁

枫泾域内河道纵横，桥梁众多，素有“三步两座桥，一望十条港”之称。时至清末，据统计当地有桥52座，其中石拱桥10座，排列石桥12座，石搁平板桥17座，木桥13座。属元代建1座，明代建12座。这些桥梁不仅为便利当地居民的出行起到了重要的作用，给古镇增添了独特的人文景观，同时也让今人看到古代造桥工匠的非凡智慧。

现存年代最早的，是建于元致和元年（1328）的致和桥，桥梁为单孔石拱桥，长7.4米，宽2.05米，东西向跨于镇南市河之上。

位于古镇区生产街西头的清风桥、竹行桥、北丰桥被称为“枫泾三桥”，如今已成为当地的重要景观之一。

丁聪漫画陈列馆
施王庙
北
施王桥
朱
白
街
朱学范故居
枫
枫泾三桥
程十发祖居
生
生产街
公
火政会
路
路
路
亭
公
枫

枫泾总平面图

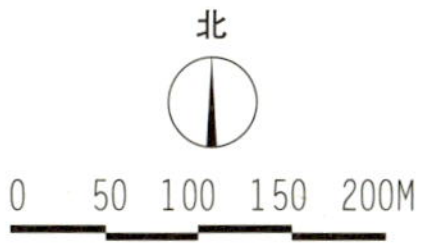

北
0 50 100 150 200M

面水而居

河道

石拱桥

石拱桥

石梁桥

◎出挑于河上的临河民居

赵家弄

平桥及其石栏

临河民居

小巷

⊙施王庙山门

⊙人民公社旧址

三百园大门

拱桥与游廊

丁聪漫画陈列馆大门

从堂屋看大门

构架露明的山墙

河道与吴越界碑

南厍

南厍位于江苏省苏州市吴江区松陵镇西南，西近太湖，东临吴江南北快速干道。

1. 历史沿革

南厍原是濒临太湖的一座小村，相传已有千年的历史。若从位于村河南厍港东侧的聚龙桥看，该桥始建于明万历五年（1577），距今已将近500年，这反映出村庄即便是有据可考的历史，也已相当悠久。

过去南厍是松陵出入太湖的门户，船只往来频繁，渔民、船民常在此地避风、歇脚，小村也由此逐渐繁荣，南厍港两岸街市开始兴盛，茶馆、饭店、酒肆、诊所、理发店、裁缝铺、百货店、烟杂店、竹器行、箍桶作坊等商铺作坊应有尽有，临河的街道上还筑起了长长的廊棚。鼎盛时，停泊在南厍港及其周围诸如网线浜、直亨港、野鸭浜、秧田港、五路港、唐家港、九曲港等港汊的的船只数以百计。自清晨起茶馆之中就开始传出鼎沸的人声，入夜之后依然能感受到酒肆中的嘈杂。

明清以来，村民们除了在村内修筑家园之外，还在村庄周边兴建庙宇，据称当地曾有财神庙、城隍庙、孟将庙、五路堂、三官堂、简草庵、观音寺、湖仙庙、尼姑院等13座庙宇。老人回忆，旧时城隍庙香火旺盛，前后有三进屋宇，庙内用青石门槛、方砖铺地，小孩儿可在方砖上玩跳格子游戏。作为村庄中的庙宇，可称得上“气势之宏伟”了。

因村周河港纵横，为交通便利，村民们在这些河上架起了永宁桥、聚龙桥、宁境桥等十数座桥梁。

随着社会的变迁，南厍也在发生着巨大的变化。对于太湖的围垦使得湖岸逐渐远去；陆路交通的便利令其交通要道的地位急速下降；而时代的变革以及村民生活、生产方式的改变让昔日的繁华渐渐褪去，留下的只一个宁静而安详的水乡小村。

2. 形态格局

南厍是一座傍河而兴的村庄，南厍港这条自西南向东北由太湖流出的河道成了村庄的主干道，而与之相交汇的网线浜、直亨港、野鸭浜、秧田港、五路港、唐家港、九曲港等港汊或“十”字相联，或“丁”字相接，形成了村庄的空间骨架。河道将村庄分隔成相邻的数片，村中的民居散布于其间，以桥梁、街巷沟通彼此的联系。河港之间散布着的小船及河岸边时而所见的埠头，透露出了江南水乡的特征。

为方便陆上交通，村中的街巷也得到合理、有序的安排。紧靠南厍港的是村中的干道南厍街，因过去村庄用地比较宽裕，所以采用了河街相邻的布置形式，沿街的店铺、民居大都建于背河的一侧。在一些店铺与民居或民居与民居之间，留出的间隙形成了小巷，以通向村落深处的各家各户。

3. 民居建筑

由于南厍始终只是一座普通的小村，历史上未曾出现过著名人物，所以这里并无“大户人家”。

从遗留的传统建筑看，民居基本为单层的平房，以单进为多，仅少数是多进的。不少民居会在正房的西侧联一厢房，用作厨房。过去部分民居在两次间带有阁楼，以增加使用面积。一般面阔三间或五间，以三间为多；深六到八界（类似于北方步架），以七界为主。当中的正间被用作堂屋，而两旁的次间为卧室。受过去封建等级制度及经济条件的限制，构架较细，因此脊柱落地，其前后金川与双步一端插入脊柱，另一端插入步柱端，结构保留了当地早期的处理方法。

单进民居的大门设在正间的两步柱间，正贴的前檐柱与步柱间辟为次间入口，由此形成内凹的门斗。大部分建筑所用的山墙为青砖砌筑的空斗墙，反映了明清时期民居建筑用砖已经十分普遍，但在村内也会偶尔发现用土夯筑的断垣，这反映出早期的建筑也有使用夹砖土墙的。因村落用地并不紧张，所以山墙通常仅筑至屋面为止，不用当地常见的屏风墙或观音兜。至檐部，施用水作垛头。

4. 街市建筑

南厍的店铺与南厍港的兴衰息息相关，在河港交通繁忙之际，船民在此避风、歇脚、补充物资以及各种需求的催生下，南厍街的各种店铺也就应运而得到发展，而当航运逐渐衰落后，不少店铺也随之散作了民居。传统店铺的造型、结构都与民居相仿，大多为平房，有单开间、双开间以及三开间的，砖木结构，构架视店铺的用途以确定柱子落地与否。

据村中老人回忆，直到上世纪50年代初，村内仅茶馆就有多家。清晨人们会从四乡走来，在茶馆聊天、喝茶，谈论时事，顺带出售自家的蔬菜、捕获的鱼虾等。如今村内仍保留了两家茶馆。旧时茶馆的风貌依然保持，店堂边是已经不常见的老虎灶，终日沸腾，冒着热气。四散排着八仙桌，客人开泡一壶茶便可以一直坐下去，店主会随时前来续水、招呼，甚至还能提供面食。

村中一家杂货铺同样也让人有时光倒流的错觉。商店位于南厍街，建筑为传统样式，面阔三间，进深六界，出于营业的需要，前檐出挑深远。原先应该在正面安通长三间的塞板（排门板），现仅正间用塞板，两次间下部砌筑了半墙，上部用短塞板。正贴步柱上架大梁，采用抬梁式构架；边贴脊柱落地，用前后双步与步柱相联。店内的货架、柜台都是上世纪70年代之前的样式，只是其中的商品方令人感到身处现实之中。

杂货铺向东不远有家剃头店（理发店）也保持着旧有风貌。建筑两开间，传统砖木结构。店内陈设简单，两张老式的木质剃头椅、一个洗头的脸盆架及脸盆、一面镜子外加剃头工具箱便是店中所有的内容。但据说理发师傅服务态度十分严谨，依然保持着传统的理发工序，让顾客感到享受和惬意。

5. 宗教建筑

南厍庙宇之多超乎想象，据称在香火最盛时期竟多达13处。但从当地的传说中可以了解到，当年船民出入太湖，遇风浪常会有生命之虞，所以修筑庙宇祈求平安，反映了他们的心态；而当地港汊众多，沿湖的庙宇也能起到标识航道的作用。在自然的毁损与人为的拆除下，这些庙宇渐渐颓坏、消失，有些仅留下了遗址，而有些已被改作他用。曾经是规模最大的城隍庙被改作工厂，五路堂也被改造成了村里的老年人活动室。

随着村民生活水平的提高，老人们为寻求精神寄托而祈福、烧香的习俗悄然恢复。年轻人则借助传统民俗中的出会（庙会）活动，在每年正月初五舞起长龙，敲锣打鼓，燃放鞭炮，前往五路堂接出财神，遍游全村，从而获得自娱自乐的快意。所以原南厍街西的城隍庙和南厍港南的五路堂在近年作了修葺，并摆上了香烛。

其实城隍庙原本是古代城市中的神祇，乡村不应供奉。所谓"城隍"是指挖土夯筑的高墙与取土筑城留下的城壕，之后将对当地作出贡献的官吏封作城隍，神化为城市的保护神。因为乡村并不允许筑城，也就不应存在"城隍"，所以南厍的城隍庙是否原为土地庙或祀奉其他神祇的庙宇，因讹传成了城隍庙？

6. 桥梁

桥梁在过去属于跨越水陆的立体交通，作为松陵镇出入太湖的水上门户，南厍河港纵横，为沟通水陆也曾修建了十数座桥梁，但由于岁月的流逝，那些桥梁或因年久失修而倾圮，或为适应当今的通行而改造，仅遗下了聚龙桥、永宁桥两座古桥。

聚龙桥位于南厍东侧，据记载该桥初建于明代万历五年（1577），初名"永隆桥"。清代康熙二十八年（1689）重建，易为今名。嘉庆二十四年（1819）又进行了重修，即为今天横跨在村东的南厍港上的单孔石拱桥。桥长近10米，矢高约3米，跨度4.5米。桥梁主体用青石（石灰岩），是为初建时所用的材料。桥面、柱石、拱券锁石使用了金山石（花岗岩），显示了重修的时代。因为在清初之前，苏地所用的石材主要是采自太湖西山岛上的青石，直到康熙年间（1662—1722），木渎附近的金山石始被开采后，苏州的建筑用石材陆续改用金山石。与苏州大多数桥梁一样，聚龙桥两侧桥柱上也镌刻着对联，东向联为："文澜高壮银河色，虹势遥迎玉殿光"；西向联是："安梁累世朝金阙，凝秀千年映彩霞"。

永宁桥坐落在村庄的中部，与聚龙桥遥遥相对，其始建年代无考，现存桥梁重建于民国23年（1934），故俗称"新桥"。永宁桥与聚龙桥型制相似，亦为单孔石拱桥，只是相对稍小。桥长约8米，矢高近2.5米，跨度3米左右，全桥为金山石（花岗岩）砌筑。石桥拱券两旁的石柱上也镌刻着"地位中央严锁钥，波光上下架虹霓"和"近通笠泽溁元气，遥接吴山毓秀灵"对联。

⊙南库总平面图

村中心的理发店

市街廊棚

永宁桥

永宁桥与市街

南北村河

临河小庙

屋脊装饰

⊙聚龙桥

⊙桥阶与桥栏

南库港

廊棚

民居内景

⊙新桥

明月湾

明月湾是太湖西山岛上的一座历史悠久的古村，位于西山岛南端。古村南濒太湖，背倚青山，地形宛如一弯明月，故称“明月湾”。

1. 历史沿革

在太湖诸岛中，洞庭西山是面积最大的一座岛屿，约有70.25平方千米。这里气候温湿，植被丰富，因此很早以前就有了人类活动的踪迹。在此向南5千米左右的三山岛上已经发现的距今约万余年的旧石器晚期的人类遗址，就是这一地区无数先民生活、生产的聚居点之一。

相传在春秋晚期，吴王就曾在西山岛上营建避暑的宫殿。一说明月湾即为夫差与美女西施在此赏月而得名，《苏州府志》载：“明月湾，吴王玩月于此”。

迟至春秋末年这里逐渐转变为当地居民的聚居地，到唐代已基本奠定了今天我们还能看到的村落格局。自当地居民的祖先选择此地作为栖身之地，他们在山上种植花果、茶叶；到湖中捕捞、养殖，颇有世外桃源意境。清代诗人凌如焕赞美此地“水抱青山山抱花，花光深处有人家”。北宋南渡之后，许多退隐官员、文人到此定居，据称如今村中邓、秦、黄、吴四姓就是他们的后裔。千余年来虽然村中建筑代有更新，如今所见的村庄格局形成于清初。据《明月湾修治街埠碑记》，村中留存的长1140米的石板街以及通向太湖的古码头为清乾隆三十五年（1770）所建。之后随当地居民经营获利，村上的居住建筑质量也不断提高，保留至今的礼和堂、瞻禄堂、瞻瑞堂、汉三房、金家厅等传统民宅，以及邓家祠堂、吴家祠堂、黄家祠堂、秦家祠堂等祠堂，都为清初前后所建，至今有300年左右的历史。

2. 形态格局

太湖西山岛的南端，山脉由西北向东南蜿蜒而来，到太湖边分为数座小岗折而西行，形成了一个个三面环抱的山坞。古村明月湾就坐落于西山岛最南端的山坞之中。这里由三面不高的青山环绕，西南开口面向太湖，成为一个背山临湖理想的内聚空间。明月湾的村口西向，西南侧建码头伸向太湖。过去这里是村中居民入湖打鱼和对外交通的重要孔道，因此在码头以东开凿了相当面积的池塘，沟通太湖，使之既成为可以停舟泊船的避风港湾，同时也形成汇聚山水的水口。塘边一株千年的香樟巍然挺立，向人们叙述着古村的历史。

村落占地面积约9万平方米，有常住居民

100余户、近400人。村内由南北两条东西走向的街道构成主体道路骨架，其间有多条小巷，纵横交错，形成棋盘状格局。街巷路面与当地许多地方的城镇一样，均以条石铺筑，下为排水沟渠。这反映出过去当地的经济实力较强，同时也给古村带来了整洁与卫生。古村规模不大，但总体形态紧凑，街巷、民居组织结构清晰，因而给人以井然有序的感觉。街巷两侧散布着斑驳的古老建筑，房前屋后栽植着四季花果，常令人想起清人沈德潜“人烟鸡犬花林中”，以及凌如焕“水抱青山山抱花，花光深处有人家”的诗句。

在过去漫长的岁月中，古村发展缓慢，长期以来形成的边界相对明确。近年来随着全岛建设的加快，环岛公路的建成，当地民居的建造也逐渐突破原来的村落范围，向周边扩张，但因地形和公路的走向，外扩以南面为主，西向稍次，东面和北面的边界变化相对不大。

原先村民在邓家祠堂设有私塾，到上世纪中叶，才将秦家祠堂改建成小学。如今小学已搬离村庄，秦家祠堂被改造成了财神庙。

3. 特色建筑

作为当地居民聚居的村落，明月湾中的建筑以民居为主。由于村庄的历史悠久，村民的亲缘关系较近，加之受近代发展的影响较少，所以村中还留存有一些家祠。当年村民虽然也有宗教信仰，建有小型寺观以满足精神需求，如今尚余明月寺一座，坐落在距村数百米的小岗东侧。

（1）敦伦堂

在当地居民的传说中，敦伦堂是西山岛上最为古老的建筑之一，依据对建筑材料、构筑方式的考察，也证明了该建筑的建造年代早于周围其他民居。

敦伦堂原有规模不详，如今保留前后两进。第一进为面阔三间的平房，深六界。东西各联一面阔一间、深四界的厢房。东厢辟为门屋，与西厢房间前用墙垣围合成前天井。第二进为面阔三间的楼房，底层进深六界，楼层进深五界。原先两侧都应联以一间、深四界的厢楼，但如今西厢楼业已不存。

建筑中所用的磉石是一种被当地人称作“磨石”的砂岩，质地较粗，与苏州常见的黄石或金山石均不同。而柱础用“蘑菇磴”，即榧形柱础。构架中的大梁形体饱满、构造简练。墙体大多采用露棱侧砌等。由此可以推断，该建筑的建造年代至迟不会晚于明代晚期。

（2）瞻瑞堂与瞻禄堂

瞻瑞堂和瞻禄堂是明月湾一处保留较为完整的清代建筑群，当初是由兄弟两人共同建筑，故两宅形制基本相同，且左右相连。

建筑的大门设于中路的东南，进门为墙门间，其上置楼，门后有备弄。入门西折是厅堂的前院，院东是一座精致的砖细门楼。大厅是面阔三间的楼房，进深底层九界，内四界前添翻轩，设前廊，后用双步承重。楼层八界步柱前后均用双步。其后为后堂楼。边路南端设有花园，园后两进楼房。前楼的底层被当做花厅，总体格局古朴典雅。

（3）其余传统民居

在明月湾保存较好的还有礼和堂等，其基本格局与瞻瑞堂、瞻禄堂相差并不太多。局部保留的有礼耕堂、汉三房、金家厅等。

一般都南向辟门，大门置于中轴线的东南隅。墙门间（门厅）为面阔一间、高两层的楼房，深四到六界（步架）。底层前檐砌墙，大门安于檐墙之中，门宕之上用砖瓦构成门楣，给大门带来画龙点睛的装饰效果，门宕下部用矩形的门枕（作用类似于抱鼓石）予以点缀。室内后步柱之间装屏风门，形成虽小但规整雅洁的门厅空间。屏风门后为天井、备弄，可以通向内宅或东路的其他建筑，而循轴线进入中路各厅堂则是经由开设于墙门间西山墙的砖细门楼。墙门间的楼层前后都开设楼窗，大多供奉祖宗牌位，因此称“家堂楼”。

中路的第一进，前辟天井，建筑多为三开间，深六到八界，或为单层或为两层。规模较大的住宅以单层为多，用作茶厅，过去供停轿及下人休息之用。其后第二进楼房设为正厅。在规模不大的民居中，多用楼房为正厅，即下层正间用作正厅，楼层用于居室。

茶厅进深通常为六界，构架较为简洁，基本不用雕饰。前檐正间不设门窗，次间或开敞，或砌墙。

正厅则进深较大，前面一般用翻轩，深两界。有的还设前廊，并与前天井两侧的游廊兜通。翻轩内是内四界，再后为后双步。前檐的底层，正（明）间多做六扇落地长窗，两边次间做雕花半窗和木栏杆。楼层为楼窗，两层之间设腰檐。后檐的底层有的径用檐墙，正间的当中辟库门、门楼；有的则在正间用穿廊与后墙相连再辟库门、门楼，两边次间设半窗，从而在后檐穿廊的两侧形成具有采光、通风和排水作用的蟹眼天井。后檐的楼层都使用楼窗，以保证室内空气流通。室内在后步柱之间安屏风门，正间的屏风门通常不开启，用以遮挡视线。因为正厅是整个住宅的中心，供家人举行庆典礼仪或接待宾客之用，因此大厅的梁架大多施用雕饰，有的人家在山墙下部还用水磨方砖做墙裙，使整个厅堂更显典雅、美观。

正厅之后的堂楼为内宅，是宅主生活起居之所，亦称为“内楼”。建筑通常为进深七界，为增加居处面积，堂楼前天井的两侧都有厢楼，并与前、后楼房兜通。正立面上，上下楼层间往往用软挑头承托腰檐，形成所谓“雀宿檐”。堂楼内部梁架较正厅简洁，极少施用或不用雕饰。其意义在于不致因装饰过多而使心境烦躁。

边路的建筑较为随意，若家庭人丁较多，则添加堂楼，也有设为花厅。不同用途，其造型、结构都会有所区别。

（4）黄家祠堂

黄家祠堂目前尚存两进，即门厅和大厅。其东西山墙侧有门洞，故原先应该还有东路、西路建筑。

祠堂门厅面阔三间。前廊用扁作轩，四界中柱落地，与后廊均为圆作，通进深七界。构架为苏地传统形式，前檐下用凤头昂。门扇安于正间中柱之间，其上用斗六升拱。门前有砷石，大门作将军门式。步柱两次间为砖砌隔墙。门内正贴下用木板壁分隔，背立面正间通敞，次间用长窗。

大厅依山势而建，前面用数级台阶，使建筑似立于高大的阶台之上。建筑面阔三间，进深九界。内四界前添轩设廊，后用后轩。除后轩用圆作外，余均为扁作。正面步柱间用长窗，廊柱间装栏杆。

如今东路、西路作了部分修复。

（5）明月寺

明月寺是一座乡村小庙，位于村东，有小山相隔。虽然规模不大，却十分别致。

建筑依山势而建，四面有高墙围绕，外形规则，但入门之后却发现其内并未采用传统寺院格局，各个殿宇依据山势参差布置，形成一个个灵活而出乎意料的空间，从而体现出具有乡村民间特色的风貌。

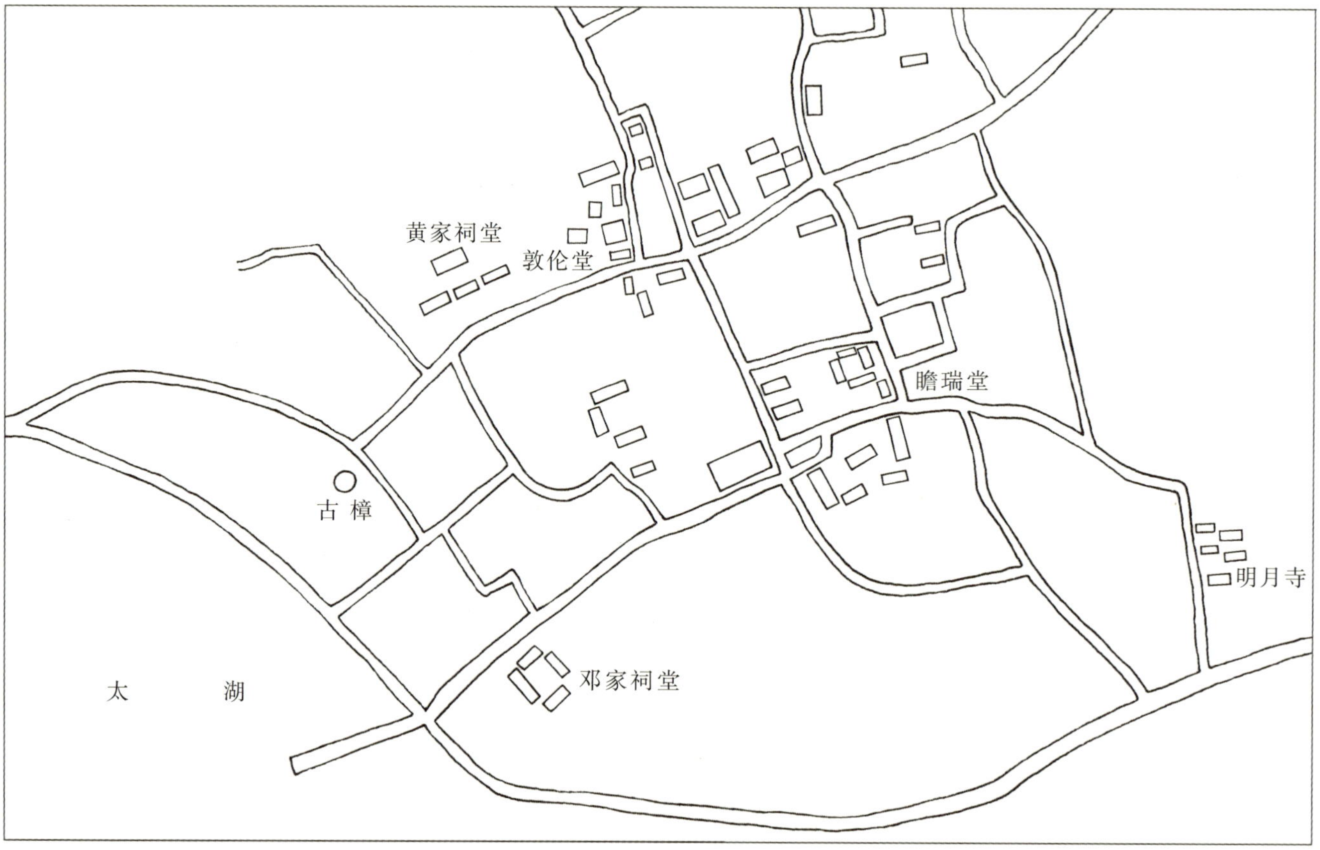

月明湾总平面图

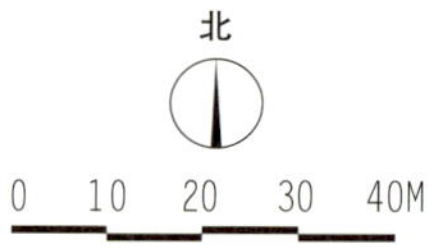

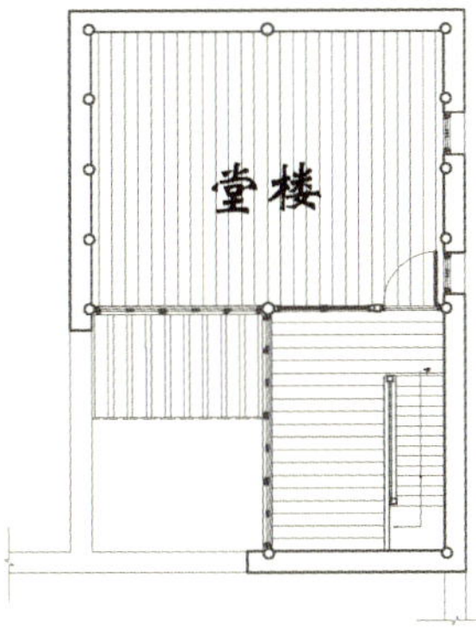

楼层平面

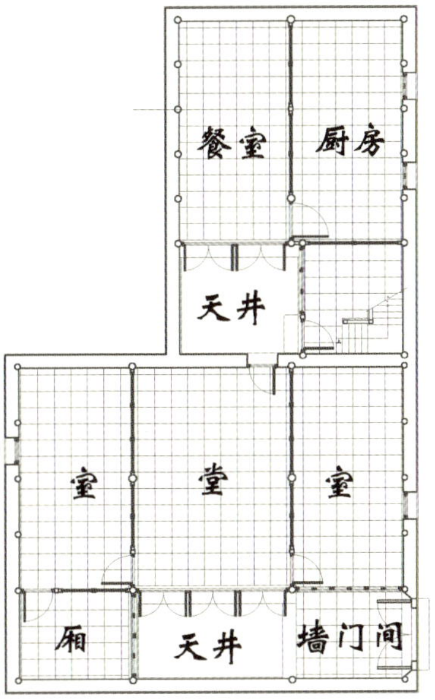

底层平面

0 1 2 3 4M

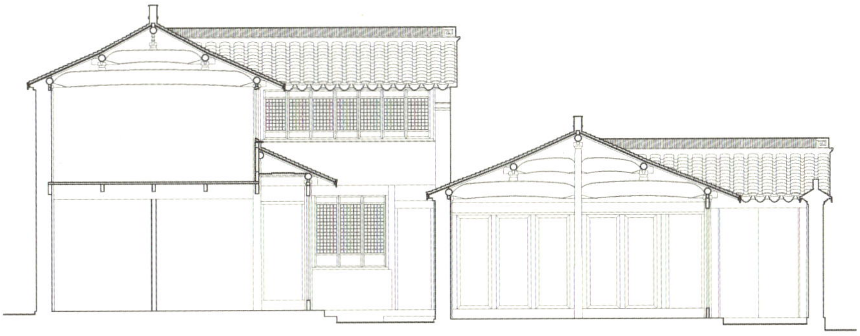

轴线剖面图 0 1 2 3 4M

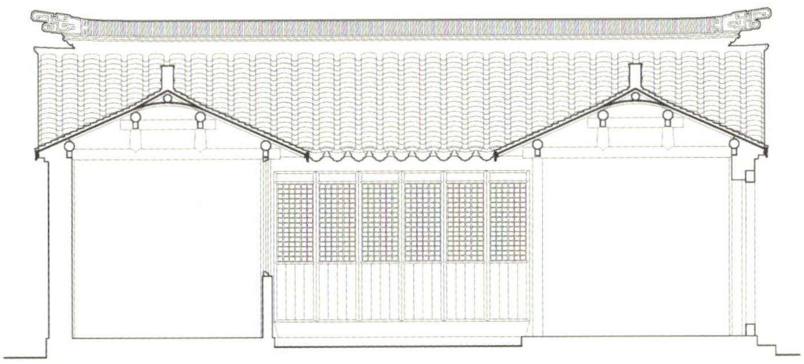

一进正立面图 0 1 2 3 4M

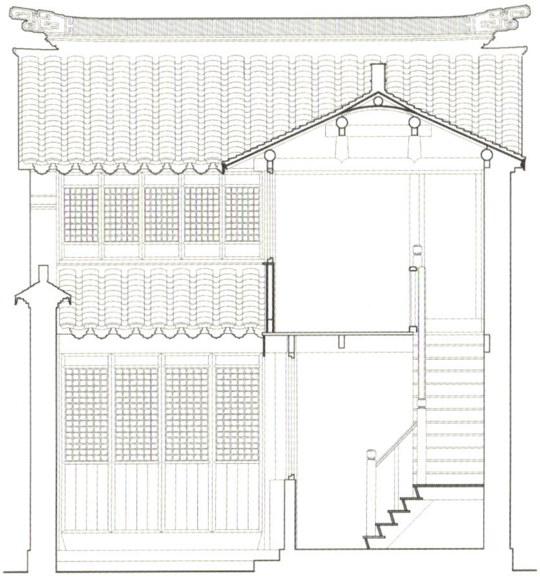

二进正立面图 0 1 2 3 4M

⊙敦伦堂(一)

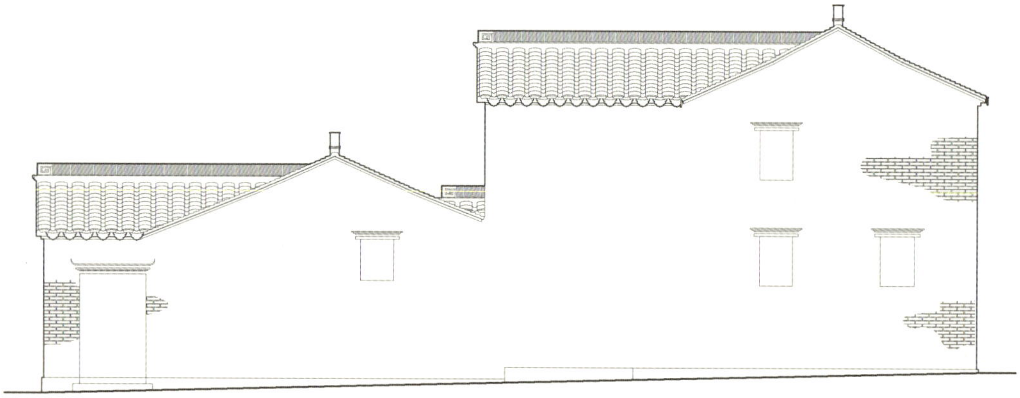

东立面图

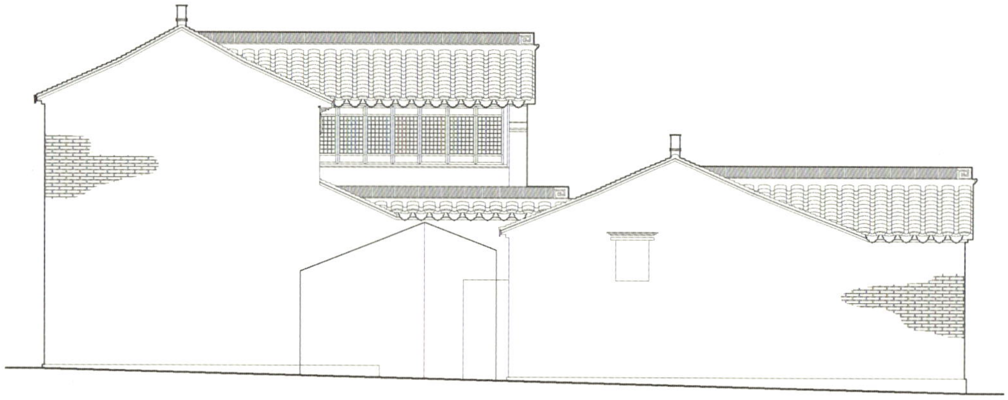

西立面图

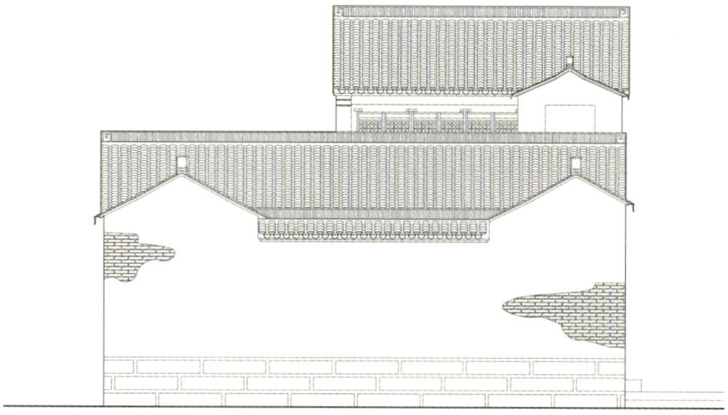

南立面图

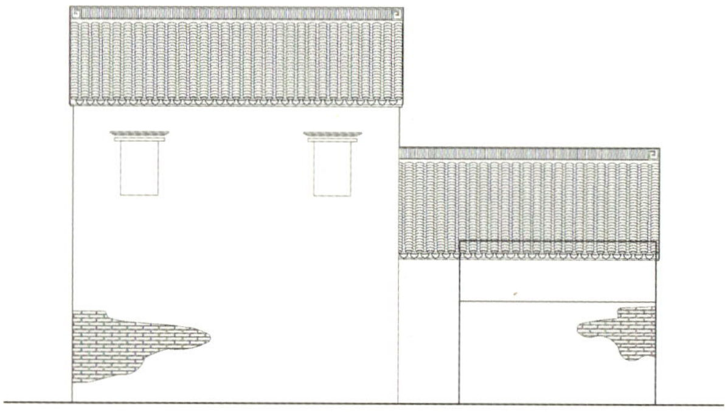

北立面图

⊙敦伦堂(二)

黄家祠堂二进院砖雕门楼

⊙石板街

⊙石板街

⊙石板街

小巷

⊙裕耕堂及门前石板街

千年樟树

巷门

⊙石板街

⊙裕耕堂大门

⊙民居大门

码头

黄家祠堂

邓家祠堂

明月寺

陆巷

陆巷是苏州市东山岛上历史悠久的自然村，位于半岛西侧的山坞之中，背山面湖，村中传统民居保留较多，因此保存了明清以来的村庄格局。

1. 历史沿革

东山和周边地区一样，人类活动的历史也十分久远，历代有不少名人雅士来此游憩，留下了众多的遗迹、传闻。坐落在后山太湖边的陆巷村，形成于南宋时期，本称“王巷”，是东山王氏世居之地。相传因王鏊曾祖王彦祥入赘陆子敬家为婿，遂改称“陆巷”。后王彦祥归宗复王姓，而陆巷之名未改。

明成化十年（1474），王鏊在乡试中取得第一名“解元”。翌年会试，又取得第一名“会元”，殿试时获一甲第三名，故一时盛名天下。之后王鏊官至宰相，成为东山历史上最为显赫的官员，也是明代江南三阁老之一。正德四年（1509），以武英殿大学士致仕返乡。陆巷也因此而远近闻名。

明清时期，不少人或因官宦致仕归隐，或因经商发迹后衣锦还乡，在东山陆续建造了大批不同于乡间民宅的大型第宅，村中也在此时达到了发展的鼎盛阶段。从至今保留的遂高堂、会老堂、晚三堂、熙春堂、双桂堂、惠和堂、粹和堂、三德堂等为数不少的明清建筑中，可以想象这里曾经的辉煌。

进入近代社会之后，因这里远离中心城市，而近代交通工具的变化造成了与外界交往减少，现代经济、文化对这里的影响相对较弱，因此村落的形态得以较完整地保留。

2. 形态格局

洞庭东山是延伸进太湖的一个半岛，三面环水，中有绵延的山脉。当地的村庄通常选址于由山体伸展形成的山坞之中，由此形成三面有山峦围合的内聚形空间。陆巷村地处东山半岛的中段，其南、北及东面是低山丘陵，西面向太湖开口。在以舟楫为交通工具的时代，这里亦可谓交通便捷，而太湖开阔的水面，有时成为安全的屏障。东侧翻越山间小道，仅4千米左右即可抵达东山的经济中心东山镇，这在当年也有相距不远但分隔明确的特点。山坞之内平坦之地较充裕，稍远则是不高的丘陵，村民可以在近旁的田野中种植粮食、蔬菜；可以在稍远的山岭之上收获茶果；还可以驾船入湖，捕捞湖中的鳞介水产。所以这是一处理想的宜居之地，人们自很早以前就在此繁衍生息。

陆巷村被认为是兴于隋，盛于宋，益盛于明清。但今天的所见的村庄形态则应该成型于明代晚期，因为尚存的传统民居遗存未有更早于此者，而村内的石板街巷则是清初的遗物。之后随村中人口繁衍，村落逐渐扩大，终于达到100余户人家的规模。

今天的陆巷村有六条主要的横巷通向太湖，故也有人以为“陆巷”之名即来源于此。其间有十数条弄、巷、村道纵横交织，构成村庄的空间骨架。村中主街以条石铺面，巷弄则以青砖“人”字侧砌。主街条石之下是排泄山体径流的沟渠，巷弄则在青砖路面之侧砌以排水明沟。汇聚的水流在村西形成三条东西向的河道，这既被用于排泄积水，同时也是村民进入太湖或返村避风的孔道。

村落中主要为民居建筑。随着社会的发展，陆巷村不少传统民居因岁月的冲刷而破败、颓坏。受建筑发展的影响，村民的修葺、翻建也陆续放弃了传统的形制而采用当时普遍见到的砖混结构建筑，所以村中的旧民居渐为新建筑所取代。尽管如此，如今仍保留了传统厅堂有近30处，其中有明代的遂高堂、会老堂、晚三堂、熙春堂、双桂堂；明基清建的惠和堂、粹和堂；清建的三德堂等。

过去村内也曾有数家店铺，服务于当地居民的日常生活。上世纪50年代末，因这里被设为公社所在地，故陆续增添了供销社所属的生产资料门市部、水产购销站、鱼品加工场以及合作商业所属的百货店、点心店、饭店、茶馆、肉铺和理发店等20余家店铺。60年代初公社驻地撤销，村中的商业逐渐衰落。

3. 特色建筑

（1）遂高堂

遂高堂是明代隐士王铨的宅邸，王铨曾被选任杭州府经历，但他不愿为官而隐居家乡，故被时人誉为隐士。王宅原先规模较大，包括东望楼、远宣堂等建筑，今存遂高堂一处，共有三进。

前面的大厅面阔五间，进深九界，硬山顶。正间用踏步两级。正贴为抬金式，前面用前廊，之后为前轩，内四界的后金柱落地，原先的后双步改成了三步。步柱粗壮，柱头施大斗，上置大梁，梁下用梁垫、蒲鞋头，梁尾插入后金柱内。山界梁两端用大斗、梁垫、蒲鞋头承托，当中用牌科、山雾云承托脊桁。边贴脊、金柱、步柱均落地，柱头施大斗以承檩条。各柱间用眉川、夹底予以拉结。檐柱下用青石櫍形柱础，前步柱为青石扁鼓墩，后金柱为扁圆木鼓墩。前步柱后金柱形制稍异，应该是后世维修造成的。正间和两次间地面为斜铺方砖，东梢间改铺地板，西梢间铺砌黄道砖。梁枋及檩条上施用彩画，这是研究苏州明清彩画宝贵的实证资料。

大厅之后有两进堂楼，为三间两厢布置。楼深底层七界，楼层六界。正面楼面内收，楼层前檐柱立于底层前轩梁上。底层承重扁作，梁面刻有线脚作为装饰。承重下有蒲鞋头装饰。檐柱呈八边形，下置青石八角灯形柱础。步柱、山柱均圆作，用木质柱础，下垫青石磉。建筑脊桁、金桁下施用的花机雕刻精美。后堂楼形制基本相同，唯进深及构架尺寸少些，从而体现出主次关系。

（2）惠和堂

惠和堂位于陆巷村中部王家里，与粹和堂毗邻。这里是王鏊故居，所以也被称作宰相府。其占地面积约5000平方米，共有厅、堂、楼、库、房等，建筑面积超过2000平方米。建筑用料粗壮，大部分为楠木制成；雕绘图案也与主人宰相的身份相对应。建筑初建于明代晚期，入清后有所翻造，所以是明基清体的大型府邸建筑。

惠和堂建筑组群规模宏大，结构严谨。现存建筑前后五进，左右三路，中路两侧均有备弄与边路相隔。大门设在东路一进，是一座面阔三间的门厅，虽然门厅亦以正间作为大门，两次间围作门房，但进深较大，用草架将门框前后分作两部分，前部深四界，每界的尺寸略小，后部亦深四界，但进深远大于前部。步入门厅，之后设天井、对面为茶厅，之后有灶间、杂房、边楼等。东路西侧是与中路相隔的备弄，起于门厅之后天井西侧的游廊，可通往宅后的花园，并联通中路和东路的各进屋宇。入门厅西折，可进中路。中路沿轴线布置仪门（先被称作轿厅）、大厅、堂楼、后楼、后屋及花园等，各进的背面都设有繁简不一的砖细门楼。西路从前至后有花厅、书楼、小花园和住楼（佣人等居住）等，与中路之间也有备弄相隔。

大厅惠和堂面阔三间，尺度较大，制作精湛。其前置前廊，廊后轩步柱之间安落地长窗以分隔室内外。室内前部用扁作船篷轩，之后为扁作内四界。后步柱之间设屏风门，屏风门之后是后双步。正贴用料粗壮，步柱上置大斗，斗口内架大梁，柱头用蒲鞋头承托梁垫。大梁背置大斗，架山界梁，梁背以斗六升牌科承托脊桁。边贴因有山墙的作用，用料稍逊于正贴，其脊柱落地，改大梁为前后双步，其上用大斗承眉川，双步下不用梁垫、蒲鞋头。为增强梁架的结合，双步之下用双步夹底。前轩的轩梁头架于步柱和轩步柱上端大斗的斗口内，正贴轩梁下有梁垫、蒲鞋头，尺寸小于大梁，边贴不用。轩梁背置大斗承荷包梁，边贴轩梁下亦用夹底予以拉结。惠和堂的梁架均用楠木，梁侧施以线脚装饰。

惠和堂的砖雕、木刻制作均十分精湛，尤其是西侧书楼前的砖细九狮图，刻工精细，古朴逼真，为明代砖雕中的佳品。其两端各有三块花鸟图案。墙的正中处嵌有“丹凤朝阳”砖景，显得主题突出，暗示了主人的身份和地位。

宅中的堂匾极具文化内涵。大厅所悬“惠和堂”匾，寓意着“仁爱和顺”，也就是唐代元稹所谓“睦族以惠和，煦下以慈爱”。花厅中“笑鸿草庐”则意为“谈笑有鸿儒，往来无白丁”。类似的还有不少，细细品味，能让人深深感受到我国传统文化的魅力。

（3）三元牌楼

在惠和堂前“品”字形矗立着三座木石牌楼，俗称“三元牌楼”，主要是旌表王鏊十年寒窗后的连中三元。牌楼为两柱三楼式。因古村中街巷狭窄，故两石柱之间距离较小，为了突显牌坊，使之高出街巷两侧的高墙，因而所用石柱较高。石柱上部置木质上、中、下三枋。在中枋两端的四分之一处立两木柱，上枋穿过木柱和石柱相联。两木柱上端置牌科，承托上楼；石柱上端和木柱中部架设牌科，承托下楼。牌科形制简洁。上枋和中枋当中的字碑上镌有“解元”“会元”和“探花”字额。探花坊的上字碑正面刻“一品”，背面刻“大学士”。

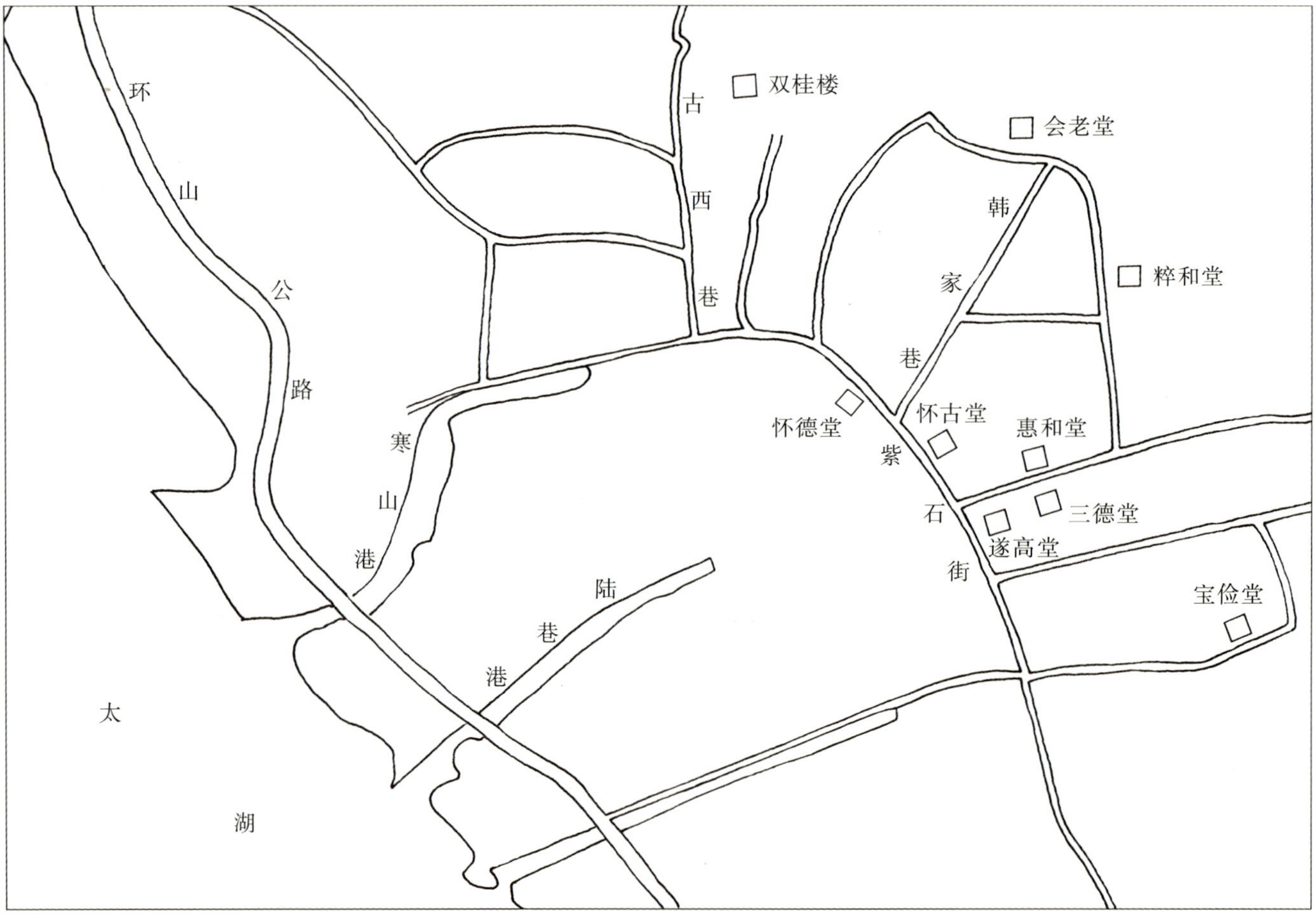
环山公路
寒山港
陆巷港
古西巷
韩家巷
紫石街
太湖
双桂楼
会老堂
粹和堂
怀德堂
怀古堂
惠和堂
三德堂
遂高堂
宝俭堂

⊙陆巷总平面图

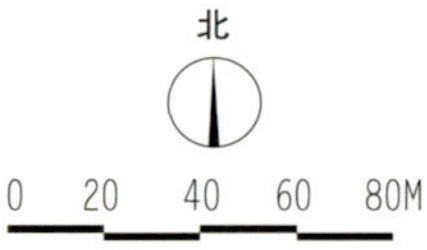
北
0 20 40 60 80M

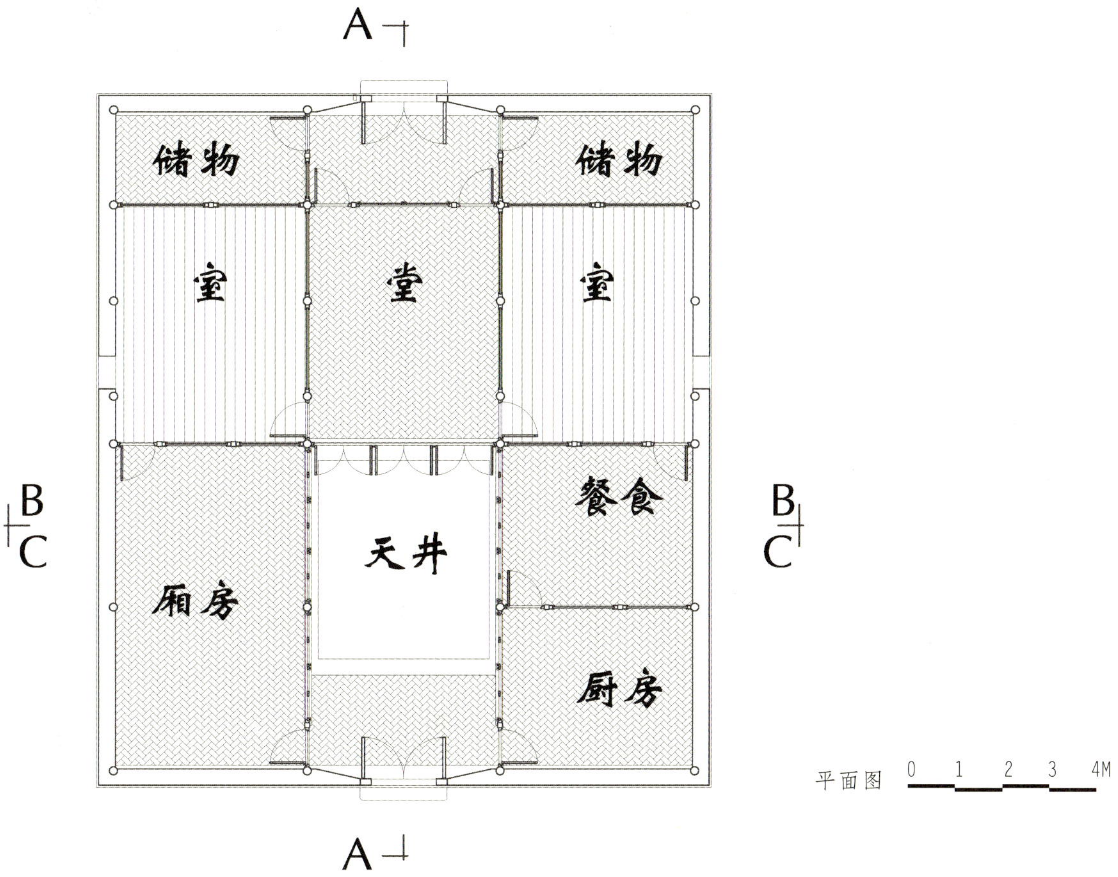
A
储物
储物
室
堂
室
B
C
餐食
B
C
天井
厢房
厨房
A
平面图 0 1 2 3 4M

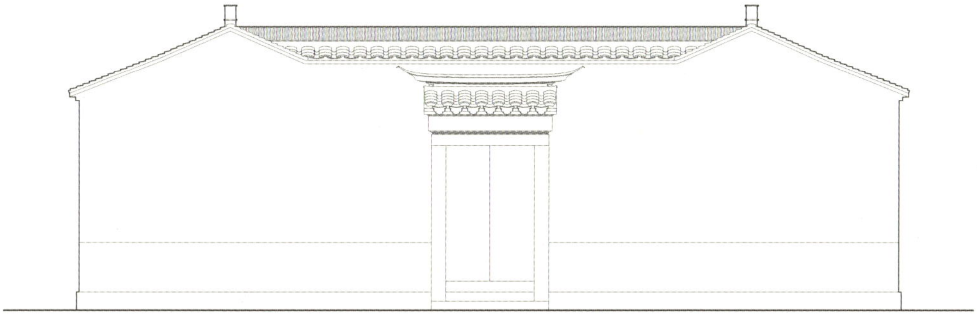
南立面图 0 1 2 3 4M

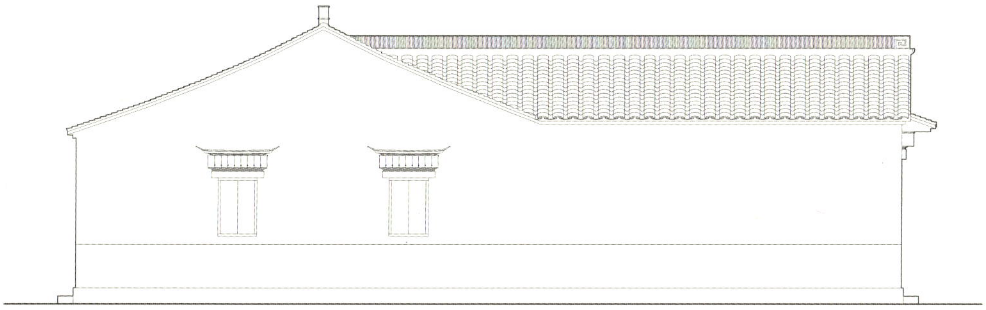
西立面图 0 1 2 3 4M

陆巷某宅(一)

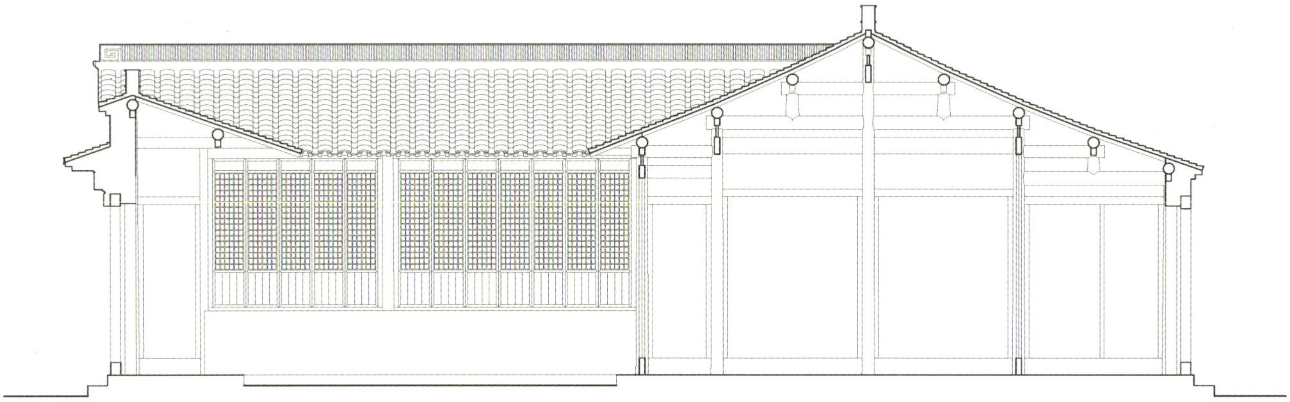

A-A 剖面图 0 1 2 3 4M

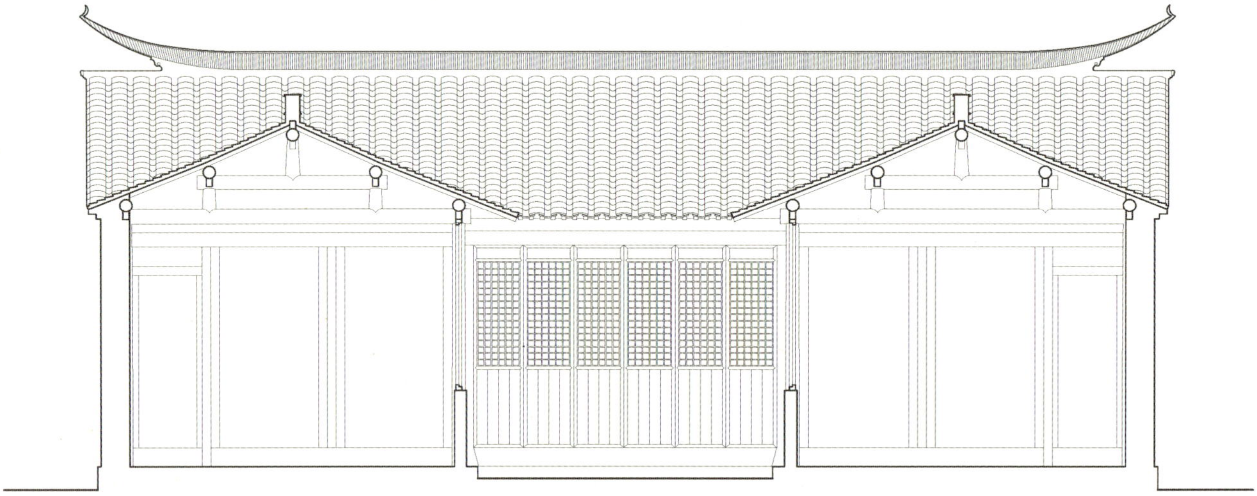

B-B 剖面图 0 1 2 3 4M

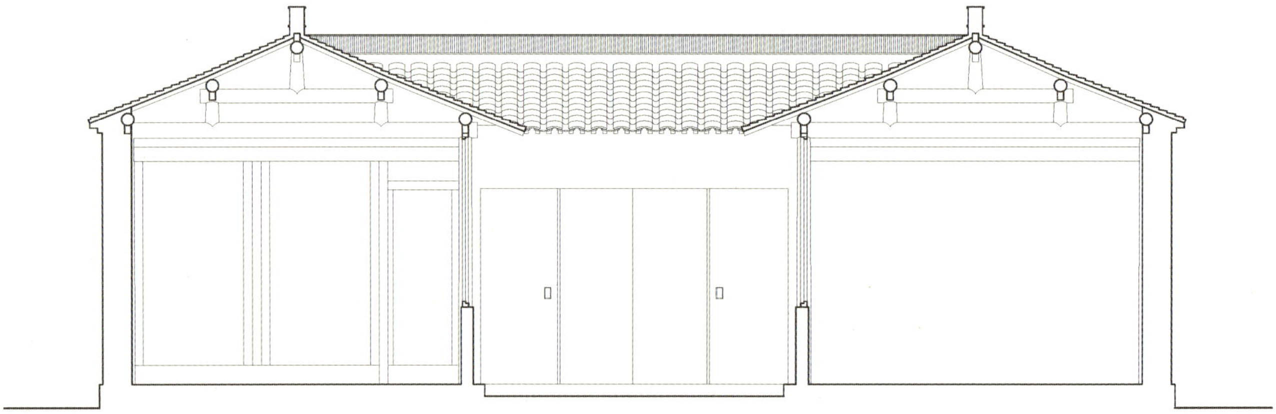

C-C 剖面图 0 1 2 3 4M

⊙陆巷某宅(二)

三元牌楼

三元牌楼

三元牌楼

村口船坞

寒谷渡码头

农产品交易市场

惠和堂门厅

惠和堂大厅

惠和堂内砖细门楼

跌落式封火山墙

惠和堂坤石（抱鼓石）

惠和堂备弄

⊙石板街

⊙石板街

⊙惠和堂边贴屋架

⊙经改造的民居庭院

⊙经改造的民居庭院

千灯

千灯位于昆山市东南，隶属昆山，离苏州市中心约35千米。

1. 历史沿革

千灯旧称“千墩”。据清陈元模《淞南志》载，昆山县东南18千米，有“淞江自吴门东下至此，江之南北凡有墩及千”，故名“千墩”。而清宣统二年（1910）则“因墩上长满茜草”而易名“茜墩”。上世纪60年代因嫌恶“墩”字，而吴语“墩”“灯”同音，故经批准易名“千灯”。

千灯之地在数千年前的石器时代已经有了人类活动的踪迹。春秋战国时这里属娄邑。秦始皇二十六年（前221），改称娄县。西汉王莽时，曾一度改称娄治，到东汉建武（25－55）时，复名娄县。梁天监六年（507），娄县改置信义县，地属信义。大同二年（536），信义县分置昆山县，被归于昆山。宋嘉定十年（1217）前后，属昆山县醪川乡、全吴乡，直至清末。宣统二年（1910），建茜墩乡，属昆山县。民国18年（1929），茜墩乡改为茜墩镇。民国27年（1938）复为茜墩乡。民国30年（1941），茜墩乡复为茜墩镇。民国36年（1947）再改茜墩乡。1950年改划乡镇，建茜墩镇。1966年茜墩更名为千灯。

2. 形态格局

千灯的市集在宋室南渡后逐渐形成，原初是在千墩浦东侧的东弄。明初曾一度迁市至千墩浦与吴淞江交汇处，但嘉靖年间（1522—1566）遭倭寇洗劫而毁，遂又迁回原址，逐渐繁荣。到清同治年间（1862—1874），太平军与清兵在此激战，又使市镇毁损大半。

明末清初，千墩浦东、西分属两乡，两岸居民靠渡船交流。随着市集逐渐兴盛，为方便来往，邑人先后在河上架设了三座阶梯石拱桥和一座梁式桥，从此东、西两岸得以相联。此后市街在浦西发展，民居、店铺沿河修建，尤其是鼋渡泾与千墩浦“十”字相交处的香火桥（香花桥）一带，逐渐形成热闹的棋盘街市中心。每日清晨，四乡的村民驾船到此云集于“十”字形河港中，登岸后在桥畔、茶馆出售自己的农副产品。至午散市，到市街的店铺中选购所需的日常用品或农资商品，然后返回乡村。

清代晚期的千灯是由千墩浦西侧的香火桥街市发展起来的，沿千墩浦形成南北向的街市，即南大街和北大街。与北大街相交接的有唐巷、鼋渡泾、中宅弄、典当里、王祥弄等巷弄；与南大街相交接的有西场里、木花浜、蒋泾湾等，由此构成了千灯的街巷格局。千墩浦东侧虽然也有河东街、方泾浜、东弄等巷弄，但在同治之后始终较为萧条。

上世纪30年代当地开通了前往苏、沪、昆的小火轮，大大方便了与这些大中城市的交流。1931年这里有了电灯。

3. 民居建筑

千灯的传统民居规格较低，基本为小瓦平房，市街两侧一般两层，前后一到三进，或前店后宅，或下店上宅。巷弄内的规模稍大，但最多也只有四进，或全为两层的楼房；或前堂单层，后楼两层。直到上世纪70年代末，其间未有太大的变化；80年代后半叶，新建的住宅才大量出现。目前所保留的还有不少，主要集中在棋盘街周边和北大街两侧。

棋盘街转折处的顾坚纪念馆属于当地一户规模稍大的民居。据称原主人谢姓，修造于清末民初，是一组坐西朝东、沿街而筑的三进两楼传统民居。临街的墙门间是一幢面阔三间的单层平房。改建为纪念馆后正间辟门，中柱落地，以设门扇，上悬“顾坚纪念馆”门额。墙门两侧配一幅竹刻对联，右为“和声鸣盛世”，左为“雅乐协之音”。门内是石板天井，其南北各植石榴一株。对门两层的为堂楼，原先底层用作客堂，两旁及楼层用于屋主居住。改造后底层用作“淞南书场”；后楼底层成为可供演出的多功能厅堂。靠南墙设有小戏台，是江南丝竹、评弹曲艺、戏剧表演的场址。戏台四框为木质挂落。台上备有戏台桌椅、评弹桌椅各一副，上铺绣花桌围，以供演出选用。戏台前整齐地摆放着十多副方台条凳，供来访者休息、观赏戏剧表演。楼上旷世斋为顾坚蜡像馆，陈列有顾坚的著作以及南戏、昆曲剧本，还有反映中国戏剧发展史的蜡像。

三进之后还有后花园，也是2002年改造后的作品。

4. 街市建筑

南大街和北大街在过去是千灯的主要街市。据史料记载，街道的石板铺地是在民国初才铺筑完成。狭窄的街道两侧是鳞次栉比的店铺、作坊。与江南许多市镇一样，建筑规模不大，面阔一到三间，高两层，底层内收，以使街道更为开阔；楼层出挑，得以增加居处面积，屋面出檐十分靠近。当然当地也有一处规模巨大的商住建筑，即坐落在当铺弄的余氏典当。

余氏典当坐西朝东，南北两路。原先自千墩浦西岸起，跨北大街，形成前后七进的商住建筑，现存五进。原先临河面街的四开间门面，主要经营茶杂山货。对街朝东的四间为典当铺的第一进，也是收兑典物的场所。大门内，上方是清代特色的砖雕，镌刻着“积善馀庆”四个大字。店铺步柱间陈设着高1.8米的典当柜台，上安栏杆。

过典铺侧门，经备弄右折是这所商住建筑的前堂“立三堂”。立三堂虽只是采用了三开间，圆作梁架，但尺度较普通民居更大。进深九界，自前至后设前廊、前轩、内四界及后双步。之后是后堂，两堂之间未像当地传统那样，用高墙分隔，而是将前后两堂和两侧走廊围合成天井。许多人以为，天井上方是四方内聚的屋面，且屋主余氏原籍徽州，故以为就是徽州建筑中的“四水归堂”形制，但实际上这两者相距甚远，至少在布局、构架、尺度方面更接近苏地风格。后堂的尺度及进深略小于前堂，由此突出了主次。

两堂之后有两进堂楼，是内宅部分，用作

屋主及家眷的日常居处。前楼底层设有用作类似于今天起居室的内堂，楼层是屋主的居室，故底层的承重梁稍作雕饰，前用翻轩，且进深尺寸略大，被称之为“大堂楼”。后楼是子女的居室，进深略小，称作“小堂楼”。两楼左右均置厢楼，有通道联系前后，形成当地所谓的走马楼格局。

作为典当，还需设有特殊的专用房屋，即当库。当库被安排在整个建筑组群的最后，在结构、布置上作有特殊的处理。余氏典当的外围，三面筑有高墙，后面还设置了更楼，由此加强了防盗、防火的功能，可确保财产安全。

5. 宗教建筑

千灯过去也曾有不少寺庙，以满足当地居民的精神生活的需要，据当地地方志记载，千灯境内曾有小庵大寺16所，镇域范围内也曾有过6所。但如今这些佛庙大多已经不存，仅存的秦峰塔成了当地的名胜，原先塔畔的延福禅寺也在2005年得以重修恢复。

延福禅寺始建于梁天监二年（503），由邑人王束舍宅捐建，僧从义开山建寺，取名“延福禅寺”。后晋始称“般若寺”，北宋为“延福教寺”，后复名“延福禅寺”。宋时香火鼎盛，规模宏大，成为远近信众的圣地。元末寺毁，明洪武年间（1368—1398）重建，明末又毁，清中叶重建佛殿、经阁，但在同治年间（1862—1874）太平军与清兵的战争中，再度毁于战火。直到1997年寺院开始重新恢复，到2005年先后修复和重建了天王殿（山门）、大雄宝殿、东西厢房和一些配套建筑、设施等。

延福禅寺内的秦峰塔亦始建于南朝梁代，明洪武年间重修，明末塔坍，入清后依据原貌重建，同治年间塔亦与延福禅寺一样遭受兵燹，烧却各层楼板、扶梯、四周腰檐、平座，仅余塔身。直到上世纪60年代后，经过数次修葺，才恢复过去的风貌。今佛塔高七级，平面呈方形，底层在塔身外加置回廊。塔身砖砌，逐层内收，形成柔和优美的曲线。外檐出挑木质平座、木栏、腰檐，平座四角的望柱延伸至檐下，以承托腰檐的戗角。塔身外壁用倚柱分划为三间，正间辟门，两次间置直棂假窗。倚柱头部施檐枋，上承牌科。顶刹铁铸，高约6米，作铁葫芦状，下焊八角环，用铁链连接顶层屋角。塔内各层铺设木质楼板，有木扶梯连接上下，直达顶层。

佛塔尽管在近年作了大规模的修葺，但其形制保留了明清以来的特征。如今已开放。登塔远眺，会令人想起清方豪思的诗：“千墩墩上塔层层，高入云霄碍野鹰。我欲登上观四海，秋风病骨未堪胜。”

6. 桥梁

千灯地处水乡，过去也曾建有很多的桥梁，以方便通行。这些桥梁在时代的变迁中大部分或毁、或改，但至今还保留着建于明代的启秀桥、重凝桥，建于清代的种福桥。如今在原香火桥（香花桥）的位置重建了三桥，分别为东侧方泾浜上仿明式的单孔拱桥方泾浜桥、中部横跨千墩浦的仿清式的三孔石拱桥恒升桥、西面鼋渡泾上仿宋式的木梁桥鼋渡泾桥，构成了当地的一大景点——三桥邀月。

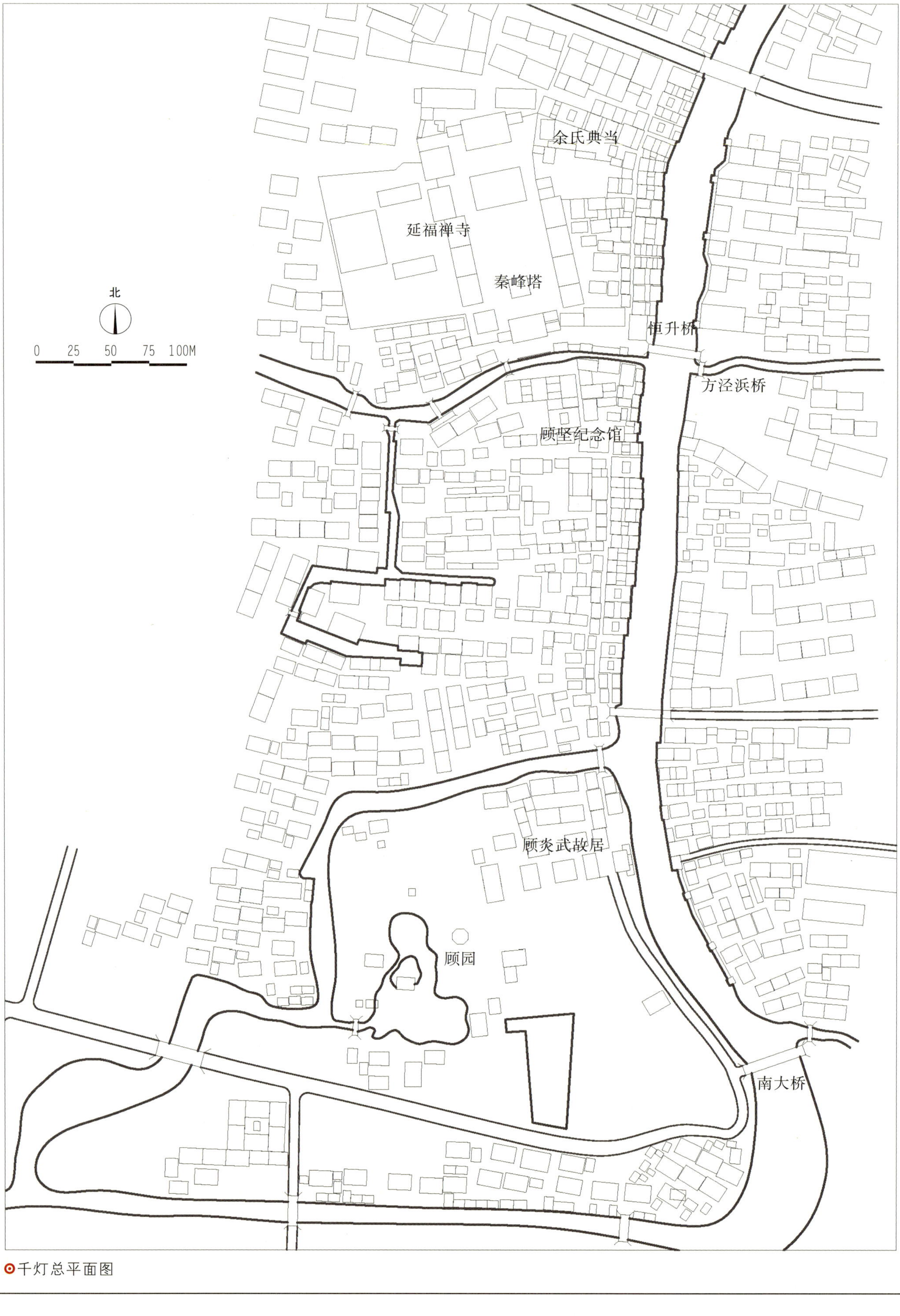

⊙千灯总平面图

⊙店铺

⊙临街民居

贻安堂

貽安堂
庚午春三月

贻安堂外观

顾炎武祠

顾炎武墓

⊙棋盘街

⊙棋盘街

⊙余氏典当

⊙三孔拱桥

⊙门楼砖雕

民居内景

长窗花格

民居内院

长窗

⊙延福禅寺山门

⊙延福禅寺山门

⊙延福禅寺四大金刚之二

千墩浦

小港

⊙临河民居

⊙临河民居

⊙秦峰夕照

礼社

礼社位于无锡市西北的玉祁镇西，形成于明初，至晚清或民国初形成村落的基本格局。

1. 历史沿革

史料记载，南宋淳熙年间（1174—1189），国史院编修吕祖谦之子散骑郎吕文缨自金华北上，至无锡北乡，途经白沙圩桥，为桥东一片沃野绿水所吸引，遂筑草舍定居于此，取名为“吕舍”。明宣德年间（1426—1435），时京师虎贲卫镇抚、江阴人薛琚迁入，筑堤垦田、种棉织布、开肆经业，并称其地为“薛家巷”。其后子嗣繁衍，到清乾隆时（1736—1795），薛氏已成为当地大族，故在薛家巷兴市建街，并仿同宗江阴丛桂坊薛氏的“仁社”，将过去的旧称“吕舍”改为谐音的“礼社”，以取“尚礼守法，安居之地”之意。

当年，礼社薛氏一族拥有田产约30平方千米，还有粮船数十艘，行驶于宜兴、金坛、溧阳等周边地区，收购谷物、贩运外乡，从而使礼社成为稻米集散的重要码头。旧时礼社众多的码头旁、水道边商船云集，终年呈现出繁忙与兴盛。

2. 形态格局

礼社地处无锡、江阴、常州三地的交界处，其西有京杭大运河的支流五牧运河。古时五牧运河自南向北，至村北折东流贯全境。四周有十三条河浜屈曲联通，形成这里河网交错的水系。与村中老街、九处池潭构成了状如荷叶、露珠，旧有“九潭十三浜”之称。

村庄呈南宽北窄状，主街蜿蜒，长200余米，街东有潭，似龙珠相戏，所以被称为“龙形街”。盛时的礼社主街之上商铺林立，据称仅西街之上就有朝南的店铺73家，朝北67家。包括肉店、鱼行、瓜果行、小吃店、生面店、豆制品店、南北山货店、日用百货店、布店、缝纫店、皮匠店、铜匠店、木器圆作店、竹匠铺、雕刻店、铁匠铺、木行、理发店、银匠店、钟表店、典当铺等大小商铺，还有米行、榨坊、染坊、轮船公司和货运码头。近代的文化、卫生和教育事业也初现雏形，不仅设有茶馆、书场、药店、诊所、救习会、邮局、发电所等，还设有自己的私塾、小学、中学。

辛亥革命后，现代工业也开始在此出现，薛氏家族设立蚕种制造场，并购买当时最先进的自动化烘茧设备；之后又购进碾米机，办碾米厂；1923年创办了“竞明电器会社”，购置柴油发电机，使礼社入夜后街灯通明。到上世纪30年代当地还开通了电话，这在我国村市层级的聚落，堪称开了现代化的先河。

礼社是一座典型的江南水乡村市，现存200余米的老街上，路面石板铺筑，两侧鳞次栉比地排列着清代以来的各色民宅，而坐落在老街中段的孙冶方故居、薛暮桥故居、秦古柳故居、薛佛影故居等名人旧宅都在近年作了修缮、恢复，使这座曾经名扬远近的村市再现旧时的风貌。

3. 特色建筑

（1）薛暮桥故居

薛暮桥故居在礼社街287号，坐南朝北，是一座建于晚清的传统建筑，称慎修堂。现存四进，其旁还保留着一条备弄。据此或可推测过去在其旁还有至少一路建筑。

第一为面阔三间的墙门间，正间檐下辟门，用六扇木门，两次间砌为包檐墙，屋脊用雌毛脊，进深及尺度均较小。二进为前堂，一层，面阔三间，深七界，亦采用园堂形制，造型简洁。第三进是二层楼房，属主人的内宅，近年屋主为改善生活曾作了翻修。而在2008年，前两进被辟为向民众开放的薛暮桥故居，作了修缮。

因薛氏子嗣依然在此居住，故居还保持了浓郁的生活气息。

（2）孙冶方故居（纪念馆）

孙冶方故居，位于老街121号，是在孙冶方祖居老宅的基础上，根据原貌重新整修而成的。老宅建于晚清，坐北朝南，原故居有数条轴线，如今仅保留了中路五进和东侧的部分建筑。

修复后的故居前三进为阔三间单层建筑，设为墙门间、前堂等；后两进为相互可兜通的走马楼。中路东侧的街面房被辟为故居侧门。跨过两道内门有一区不大的花园，园内布置着假山、水池、瘦竹、松柏。东墙假山之上矗立着一座半亭，其旁有爬山廊通往后楼。

自纪念馆建成，原先设在玉祁镇文昌公园里的许多孙冶方生前用过的物品、读过的书、一些著作的手稿等都被移至这里，使其内容得到充实。

（3）其他民居

20世纪50年代之前，礼社曾居住着60余家乡绅、地主，他们的居宅都有一定的规模，为光耀门庭、显示气派，门楣上还题上堂名，如永善堂、居善堂、敬义堂、慎修堂、一乐堂等。但在时代的变迁、岁月的流逝后都发生了或多或少的变化，如位于西街头薛家浜北，现存规模最大、居宅格局保持最完整的民居，薛子瑜故居如今仍为工厂占用。老街195号的秦宅也曾是当地大宅之一，据说原先前后共有八进，上世纪60年代拆掉了四进。纵观当地民居，可以发现这些建筑通常不求画栋雕梁、不重金碧辉煌，它们是以其质朴的造型、素雅的外貌向世人展现着文化和传统。

此外在礼社的街巷之间，还有像薛氏义庄、水龙宫、永善堂那样的遗址或旧迹可供探访。

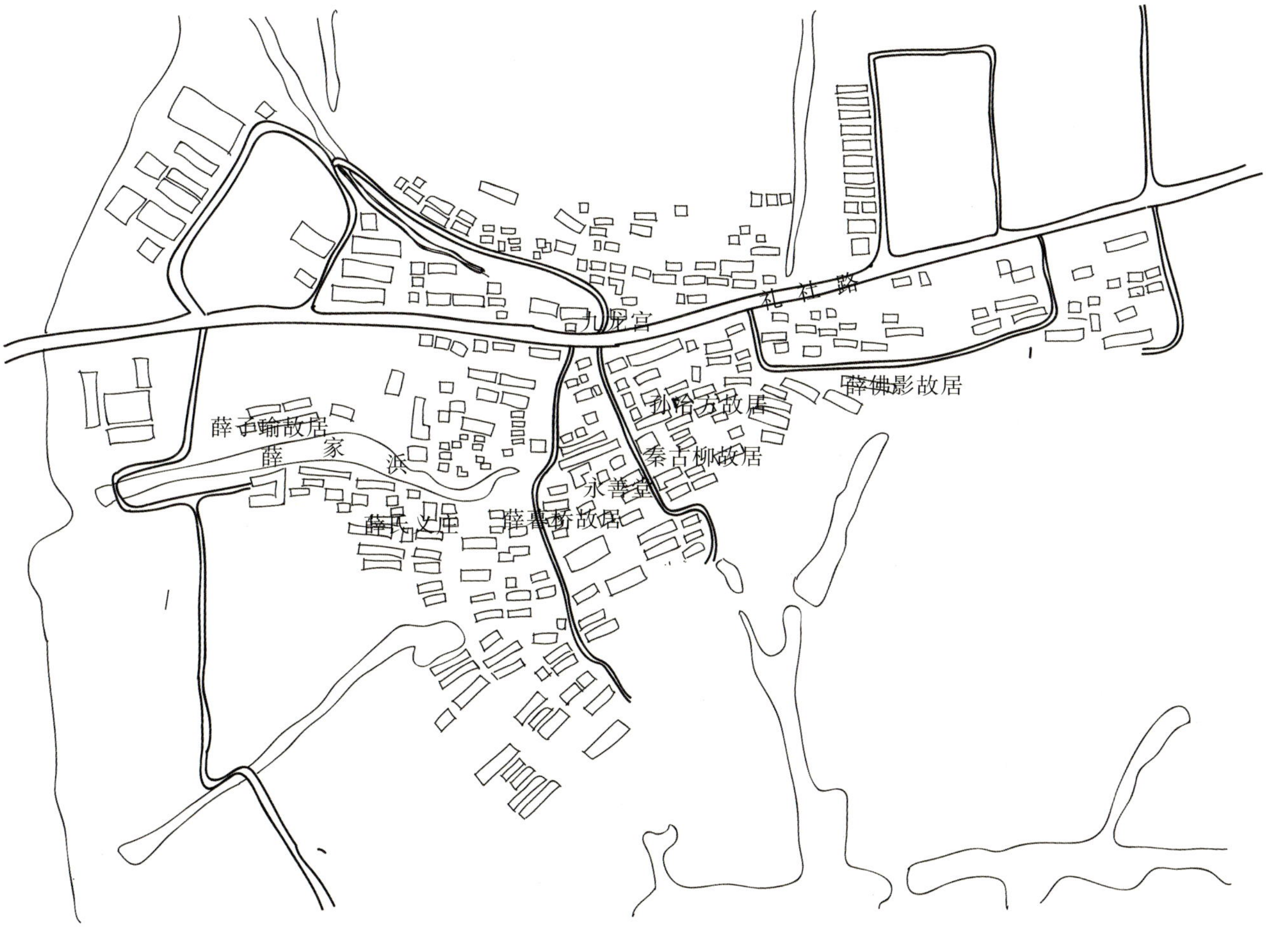
礼社路
九龙宫
孙冶方故居
薛佛影故居
薛子输故居
薛家浜
秦古柳故居
永善堂
薛氏义庄
薛暮桥故居

礼社总平面图

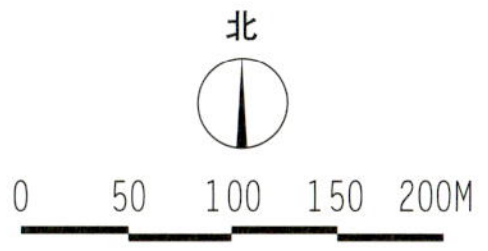
北
0 50 100 150 200M

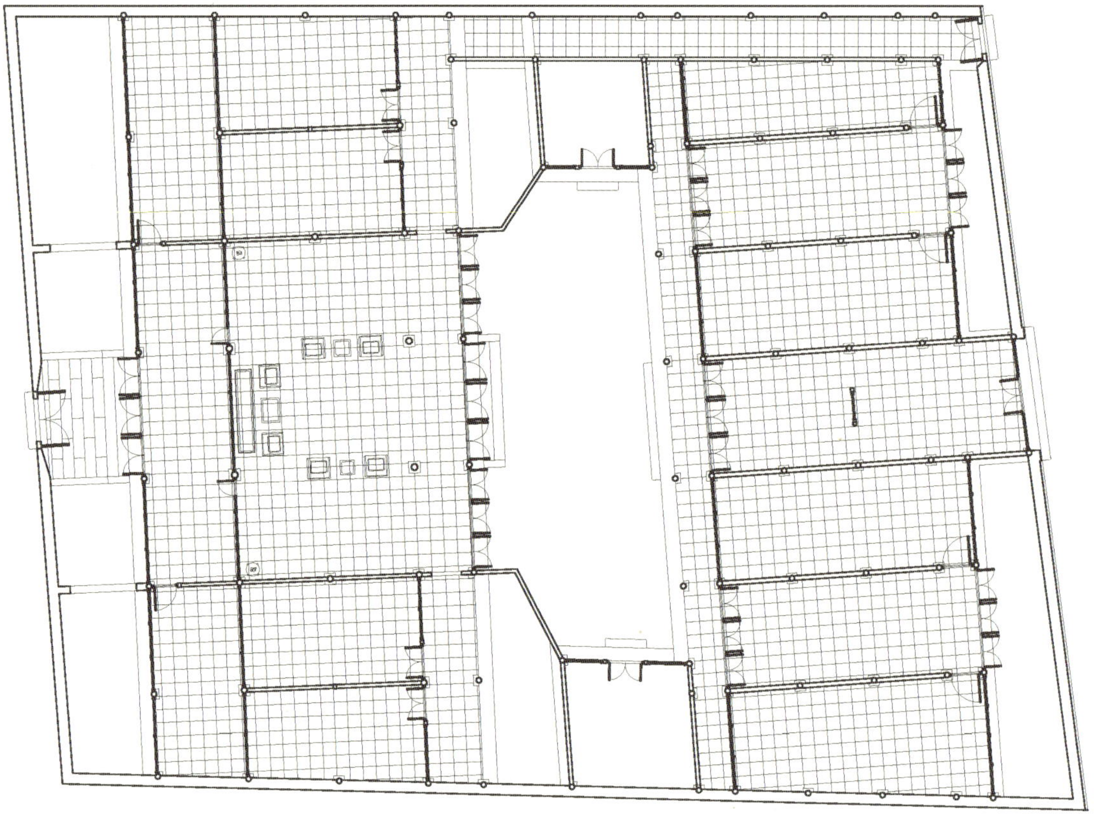

平面图　0 1 2 3 4M

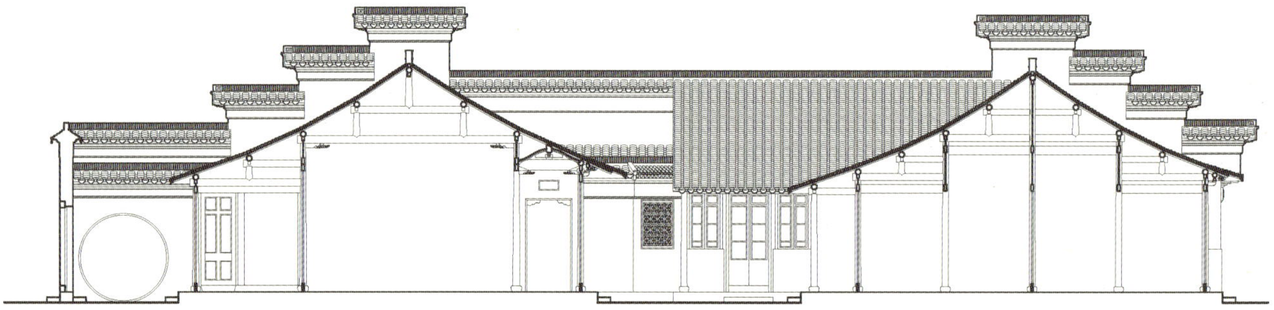

轴线剖面图(正贴)　0 1 2 3 4M

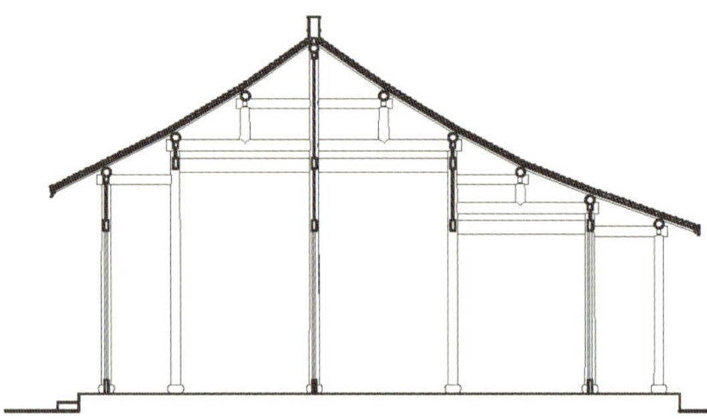

一进边贴图　0 1 2 3 4M

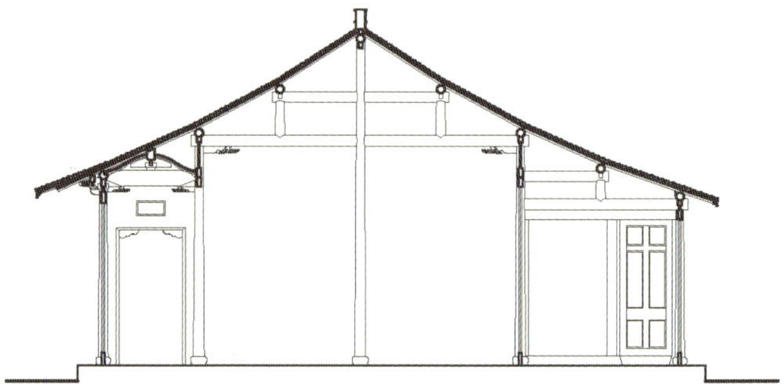

二进边贴图　0 1 2 3 4M

⊙礼社某宅(一)

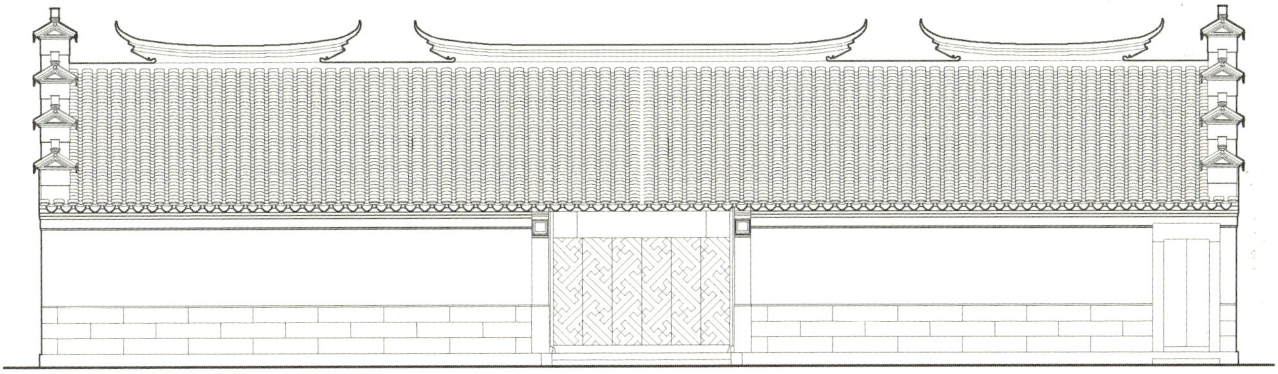

一进正立面图 0 1 2 3 4M

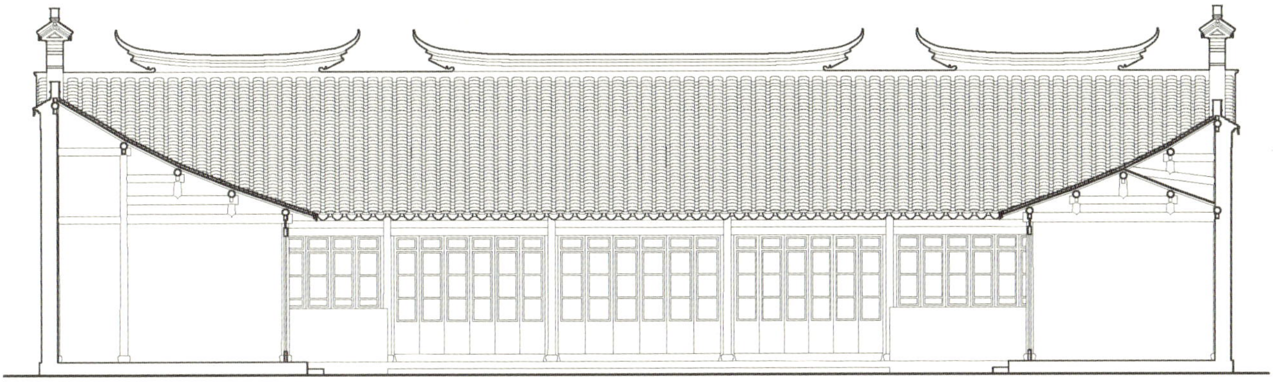

一进背立面图 0 1 2 3 4M

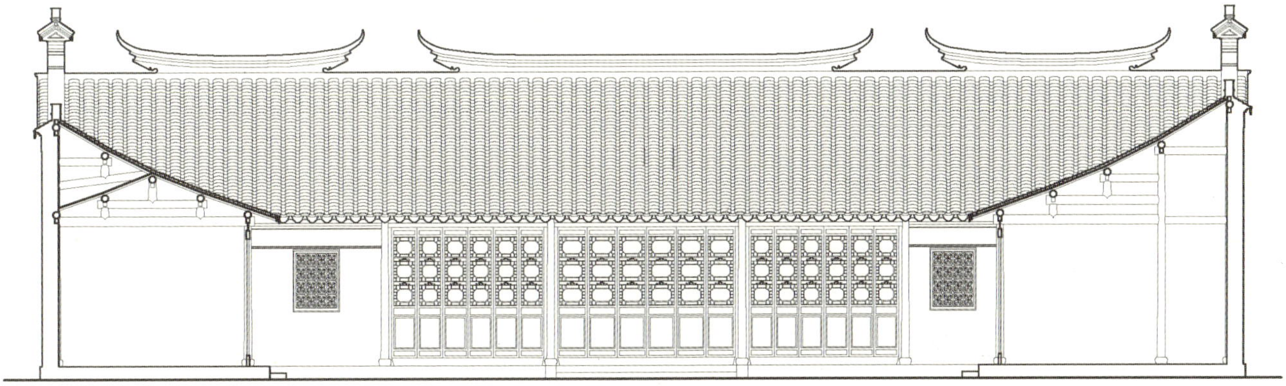

二进正立面图 0 1 2 3 4M

礼社某宅(二)

⊙沿街商铺

⊙烧饼铺

⊙主街商铺林立

⊙民居

⊙牌楼

⊙商铺

⊙孙冶方故居

孙冶方故居内景

假山之上的半亭

商铺

商铺边的池潭

商铺

民居内景

薛暮桥故居

民居内景

老年之家

⊙镂空外墙

⊙山墙

严家桥

严家桥属无锡市锡山区羊尖镇所辖，地处锡山区、江阴市、常熟市的交界处。村庄历史悠久、文化底蕴深厚，如今还留存着唐氏仓厅、唐家码头旧址、永兴桥、梓良桥旧址、春源布庄遗址等，百米长廊和唐家的两大码头、唐氏同济典当也已完成了修复。

1. 历史沿革

严家桥地区早在商周时期已有先民在此活动，他们辟田、开河、种粮、植桑；自泰伯奔吴筑城梅里之后，中原先进的农耕技术被带到这里，使生产水平迅速提高。在八王之乱后的晋室南渡及靖康之变后的宋室南渡，不仅流入了大量的人口为农业生产的进一步发展提供了劳力，而且还因随之迁来的士族促进了这里的文化的提高。在先人勤劳不辍、锲而不舍的努力下，严家桥逐渐成了物阜民康、文化繁荣的地区。元末明初严姓人氏在此定居，遂出现了严家桥聚落。明末清初，清兵南下，又有程、李、须等大族先后来到当地定居；到太平天国时期，原在无锡经营棉布业的唐氏家族也迁至此地，融入到当地居民之中。

据清代侯鸿鉴《锡金乡土地理》记载，“严家桥土地肥沃，乡人颇富，商业繁荣”。唐氏的前辈利用当地的粮棉出产和河道通畅的交通条件，积极经营，和当地居民一起，造就了当地的繁荣。在近代的百余年间里，严家桥市集兴盛，到20世纪三四十年代，这里的街市上的店铺、作坊达到了百余家，成为无锡东部重要的商品集散地，时有“小无锡”之称。

2. 形态格局

位于无锡市东北15千米的严家桥在明清时期已属偏僻，但这里河道众多，市河虽小，却能与运河、太湖、长江联通，交通并不闭塞。在明清商品经济的发展中，这里借助南北向的永兴河已逐渐形成市集。而在唐氏迁居于此后，借助原先在商业上的成功，又利用当地乡间种棉、织布的传统，开始在双板桥下开设春源布庄，经营土布、棉花、面纱业务。数年后各地客商纷至沓来，不仅春源布庄大获盈利，同时也促进了市集的繁荣。永兴河两岸的街市延长、村域扩大，唐氏也在布庄以南的沿河修建了仓厅、宅院、码头，后又在街市开设了同济典当、德仁兴茧行、同兴木行、同济栈房等。村市之中也吸引了许多居民来此定居，兴建住宅，逐步形成了市街严整、小巷纵横、建筑密集的亦村亦镇聚落。

3. 建筑特色

严家桥过去虽有各式店铺、作坊、仓厅、典当、民宅等传统建筑，但随着时代的变迁，这些建筑大部分都已散作民居，一些规模较大的则被工厂、企业等占用，且在数十年的发展中，改建、翻造也时有发生，因此在街巷之间保留的传统建筑主要是民居。

当地的小型民宅主要是单进的三开间平房，有单层也有两层。由于用地原因，单层的建筑主要分布在村市的周边。偶尔见到临街单开间或双开间的，这是缘于新旧建筑更迭所造成的，旧有房屋毁损后，需要翻建改造，在用地有限的情况下，就会出现单开间或双开间的建筑。

在街市地段，临河建筑多为单进两层。底层常被设为店铺、作坊；楼层大多用于居住。当然也有一些饭店、茶馆将楼层用作经营，店主则在临近另辟居所。这类房屋大多会将临街的楼层略略出挑以增加使用面积。因相邻的建筑正面处理相近，所以整个市街立面统一。而在临河一面，底层则会稍有伸出，其上覆屋面，形成腰檐。由于腰檐的有无并不统一，加之驳岸上的埠头、屋面的高低，形成临河立面的变幻。背河一侧建筑的临街立面与前者相仿，由于用地较宽裕，故常向纵深拓展，形成两三进的院落布置。

处于横巷内的民居，有与街市建筑相似的，也有第一进用单层平房的，后面的内宅大多为两层楼房，以避免当地潮湿影响生活。

过去，无锡只是苏州府的一个县城，且地近苏州，所以严家桥的民居建筑构造与苏州较为接近，唯其村市的地位，使之更为简洁，屋架纤细，几乎没有装饰。

平桥

桥栏与踏垛

⊙同济典当外立面

⊙堂屋内景

堂屋现状

堂屋屋架

⊙临河民居

⊙传统两层店铺

⊙平桥

受西洋风格影响的店铺

传统单层店铺

中西风格融合的民居

中西风格融合的民居

山墙上的六角窗

廊棚

⊙受西洋风格影响的民居

⊙民居山墙

⊙街巷民居

⊙德润堂界石

河道

现代桥梁

杨桥

杨桥位于常州市武进区的南端，故又称作“南杨桥”，与宜兴仅一河之隔。据称这里曾经同时归武进和宜兴管辖，由于地理区位和行政区划的原因，这里成了商品交流的场所，一度兴盛繁荣。常漕公路开通以及漕河改道后，在20世纪50年代末逐渐衰落，以至于渐渐为世人所淡忘。

1. 历史沿革

杨桥形成于何时传说不一，有说在南宋时这里就已有镇市，至元末明初已成为江南行省常州府的重镇。此说还需进一步考证。由于当地由水路东抵太湖，西达滆湖，北上常州府城，南下宜兴县城及浙江各地，所以在清代中期之后渐渐成为常州阳湖县和宜兴县交界处的市集，商贾从四方到此经营、定居，遂使市面兴盛。到清末民初，杨桥的繁荣超过了周边镇市，甚至超越武进的经济、文化中心湖塘镇。市街上店铺、作坊林立，甚至所建的戏院和中学堂也早于周边市镇。但随着交通的发展和社会的变化，杨桥又退至处于乡、村的地位，甚至为当代的发展所遗忘。然而或正是这种遗失，才使当地的古迹得以保留，让人们有机会目睹传统市集及旧有乡村的风貌。如今杨桥为武进前黄镇所辖。

2. 形态格局

杨桥位于太湖与滆湖之间的锡溧河附近，这里有杨桥浜、朱家浜、诸家浜、观音浜、新街浜等多条河流交织，形成河网水系。在杨桥周边散布着庄基村、前朱家塘、后朱家塘、诸家塘、丁家塘等10余座自然村落，构成了小桥流水、人家枕河的江南田园景色。

旧时杨桥在丁家塘以东、张宪浜以南、观音浜以西、牧斋院以北的范围内，形成以南杨桥为中心的东、西、南、北四条市街。市街一侧是通往四乡的市河，为沟通街巷，跨河架设了庄基桥和东虹桥等梁式桥、南杨桥等石拱桥。街上分布着饭店、茶馆、点心店、鱼行、肉庄、豆腐坊、南北杂货店、国药行、绸布庄、银匠店、竹器店、木行、木匠店、染坊等，甚至还有烟馆（鸦片馆）等各行各业商号店400余家，市街上的同仁堂药店、白虎堂茶馆、丁家堂粮行、陈万隆烟店、全盛嫁妆铺、荣光客栈等老字号更是名噪一时。长长的市河驳岸上保存的无数牛鼻缆绳石，足见当年船只挤泊之情景。

市街之间联系着十数条巷弄，街巷通向村市的各家各户，也联系着在此生活的居民。在这些街巷中时能见到传统民居，据统计如今仍保留着2万余平方米的老房子，周边也有保存比较完整的传统民居500余间。为满足精神需要，当地曾建有10余座寺观，至今仍有关王文昌阁、太平庵、保丁寺等。

过去为了防止盗贼，四面市街的尽端街口均设置有昼开夜闭的栅门，称作“四栅”，并雇佣专职更夫巡更报点。民国时期这里的水路交通极为便利，每天有来自常州、无锡，往返于宜兴、溧阳的轮船及不定期的班船，在杨桥码头停靠。为区域内的防火，当地还设置了杨桥救火会。

3. 特色建筑

（1）丁宅

丁姓是当地大户，其居宅所在地就被称之为“丁家塘”。

丁宅建于晚清，是杨桥保存较好的古建筑群之一。这是三户相邻而筑民居，坐北朝南。东宅前后两进，头进为单层门屋，面阔三间，进深六步架。第二进是两层堂楼，进深七架。底层的正间为堂屋，两侧为室，楼层用作居室。堂楼两侧带厢楼，与门屋围合成天井。中宅原先有三进，如今最后一进已经不存，前面两进与东宅大致相似。西宅前后三进，头进亦为单层平房，二进楼房与中宅堂楼相接，并连为一体。三进为单层平房，应该是过去的厨房、仓房之类的附属用房。

从现存建筑看，这三组民居虽各立门户，但在当年应该是同姓兄弟共建的居宅。

丁家塘位于杨桥浜南岸，屋后河水长流，门前绿树掩映，宅中古木浓荫，颇有世外桃源之感。

（2）百岁庄

丁家塘丁宅西侧，是建于民国初年的百岁庄。屋主朱龙川原住在杨桥前朱家塘，民国4年（1915）为纪念其祖母百岁寿诞，在此建“百岁庄”。

旧时庄园东西长28.8米，南北进深43米。现存建筑两进，头进二层楼房面阔八间，其中东侧四间风貌依旧；西侧四间的前檐已改建成阳台式门面，但高翘的屋脊及封火墙仍保存原样。建筑梁柱粗壮，木质楼梯精致，楼板厚实。地面铺以青砖、条石，长窗花格华丽。西侧山墙上还留有固墙用的数十枚铁制扒钉，均能显示出当年建筑古朴典雅的风采。楼后两侧各有侧厢六间，第二进原有平房八间，现均已改造。

庄园除用作居室外，后来还设置了医院，其旁附设了木行、砻坊。

（3）牧斋院

牧斋院位于杨桥北街，是朱牧斋的宅院。今存清代砖木建筑四进，占地面积400余平方米。

头进为兼做入口大门的店面房，坐东朝西，四间单层平房，深六步架，前檐的旧式排门显得古朴。由北山墙中间开门进入内宅。自第二进起，屋宇均坐北朝南。二进是面阔三间，进深七步架的高敞大厅。如今大厅已有些破败，但从建筑构架以及厅前天井对面的砖雕门楼来看，当年这所居宅颇具气势。第三进是进深六步架，面阔三间的二层小楼，其雕花窗格保存较好。四进是面阔三间，进深七步架的单层平屋。

牧斋院在当地规模较大，至今主体结构保存尚好，建筑颇为完整，是常州乡土建筑的代表，体现了江南民宅典型风格。

（4）太平庵与杨桥庙会

杨桥村的太平庵是当地的一所村庙，为明朝始建，清嘉庆十一年（1806）曾做过翻造。过去的太平庵西面有城隍殿三间，东面为土地堂三间，当中是娘娘殿三间。另有僧舍、斋堂、厨房及侧厢等房屋。20世纪50年代后，庙宇改成了小学，之后被拆除、改建。1995年庙宇恢复，重建殿堂、房舍，建筑面积520平方米，占地

3000多平方米。

过去太平庵庙会是当地民众一大盛会，由于杨桥位于武进、宜兴的交界处，加之明末之后经济发达、商贾云集，所以其规模浩大、场面恢宏，为远近闻名。

相传农历二月初九是太平庵城隍菩萨走舅家的日子，起初邑人为求杨桥一方百姓的平安吉祥、风调雨顺，因而祈祷城隍菩萨在走舅家时也一路顺风。久之这一敬拜神灵的活动转变成了大众娱乐、商品交流的节庆。杨桥的庙会举办时间将近半月，有议会、开集、开光、祝愿、走会、歇会六大部分。仅走会的展示、演绎过程就将近五六小时。所谓走会也称“出会”，是庙会中最为隆重、热闹的高潮。全副的城隍仪仗迤逦前行，在其前后还有若干表演队伍、民间艺人且行且演，这给当地的居民以精神的寄托，也让外来的游客获得耳目的愉悦。

数年前，杨桥庙会得以恢复，随之一批如掮轮车、调犟牛、调三十六行等数十种濒临失传的民间艺术传统也开始复苏。

（5）关房阁

相传关房阁建造于明朝初年，位于南杨桥北的桥堍侧，南临河道，其前部用石柱架空于河上，犹如园林中的单层阁。建筑为木构，正门朝北，面阔虽为三间四柱，但正间不大，两次间较窄，进深也不大，故面积逼仄，更无一般庙宇的金碧辉煌。阁内正中安奉关公塑像，两旁是周仓和关平的塑像。关房阁是一处颇为特殊的建筑，之所以不称其为关帝庙，应该就是这个缘故吧。

4. 桥梁

杨桥地处水乡，河道、桥梁是其重要的标志之一。过去当地桥梁众多，在朱家浜与大河交界处有东虹桥。太平浜通向大河的南段有西虹桥，后西虹桥坍塌，重建后改称“太平桥”。在今天常州市、宜兴市与锡山区交界的地方，有一座独特的桥，叫“五洞桥”，但五个桥洞并不均匀分布，而是集中在桥的中心位置，在桥的两边有很长的引桥。

村市中心的单孔拱桥——南杨桥是当地历史最为悠久的古桥之一，始建于清初，重建于道光八年（1828）。这座看似寻常的古桥却有着有趣的故事。过去此桥中心曾被作为武进和宜兴的分界点，桥北是武进，过桥就是宜兴。白天桥上允许随意通行，但为防止夜晚有人偷盗打劫逃向对方地盘而不便缉捕，于是双方各在桥堍台阶下方安装了两扇门，到晚上予以锁闭。至今还可以看到桥堍一块长条麻石门槛，其上留有装门、安栓的孔洞。

⊙石板街

⊙“人”字砖辅地街巷

⊙楼房与楼窗

⊙街巷

⊙临街店铺

⊙关房阁

⊙古桥畔的当代民居

⊙拱桥旁的传统民居

⊙民居大门

⊙传统墙门

⊙古井

⊙装有腰门的传统墙门（矮闼门）

堂楼与天井

楼房内景

传统石梁桥

河道

小巷两侧的山墙

小巷

村市中心的单孔拱桥——南杨桥

石板街上的民宅

小巷与民居

华山村

华山村位于镇江市东约30千米处，为其东面不远的姚桥镇所辖。

1. 历史沿革

华山村的历史颇为久远，相传南朝乐府民歌中的《华山畿》所叙述的一则凄美的爱情故事，即以是地为背景，而近年在村域附近发现的南朝大型男女合葬墓，更被认为对此作了实证注脚，由此显示了华山村的村名或在此之前已经出现。

与无数乡村一样，华山村在此之后一直寂寂无闻，但如今村中依然保留着的古街、古巷、古院、古木，则依然能让人们见到文化的积淀、让人感受到历史的久远，而石板路面深深的车辙痕以及村中的禹王井、宋井、观音井等众多古井，还有过去大宅门楼的砖雕，都在向世人叙述着村庄曾经发生的故事。

2. 形态格局

坐落于姚桥镇最西端的华山村由两条古老的石板村道构成了村庄的骨架，其间十余条小巷交织成村中的道路网络。东村口的朝阳门、太平门以及村南的迎嘉门等砖砌拱门，明确地反映了过去村庄的边界。石板村道的两侧是村中的老建筑，如今大部被用于民居，偶尔也有个别的店铺，但似乎可以想象，当年的石板路上车马繁忙，两侧布满店铺、作坊，村中还有满足村民精神需求的庙宇，一派兴旺、热闹的景象。华山村东一千米处尚存的古码头，曾是过去客商往来上岸、下船的渡口。村庄东南侧有一片不大的池塘，是村民洗涮的地方。过村东口陈旧水泥桥就是相邻的另一个村子了。

随着时间的推移，村庄已逐渐扩大，距石板村道稍远的村庄深处陆续修建了当代的建筑，而石板村道旁的不少店铺、作坊也被改成了民居。

3. 特色建筑

（1）传统民居

当地大多数传统民居为单层，面阔三间，用包檐墙。明间檐墙当中用青砖砌为门框，上架木过梁，过梁外侧用水磨砖贴面。砖门框和过梁砖贴面之间设以精致的砖雕小插角。两次间开小窗，上部用圆弧形叠涩窗楣，显然是民国造型。墙体下部扁砌，上部为空斗墙。部分民居山墙中部用一小段封火墙。临街的传统民居是在前檐明间的檐柱间安木门，或用排门板，两次间砌出檐墙。墙伸出的墀头还保留了一些精美的砖雕装饰。

临街偶尔也有一两幢两层的楼房。楼房上的

底层的木门窗、楼层的木质栏杆、楼窗，给人以历史的沧桑感。

村中张家老宅是规模最大且保存相对完整的民居，现存前后三进，前面是院墙，正中辟门，进门为前院，对门是一进三间前厅，两侧为边房。二进中厅与一进相仿，进深稍大。三进是正厅积昌堂，两侧设正房。前后三进建筑间的天井左右均用塞口墙形成中庭与东西跨院。在这三进主屋的两侧还有两排边房。

过去杨家老宅丽华堂也曾是村中较大的第宅，近代著名民主革命家冷遹的第宅据称其规模有七进之多，随着岁月的变迁，都已经大部分坍塌、毁损，仅留下一些破损的建筑或构件残迹。

（2）祠堂

华山村过去曾有四姓的祠堂，分别为冷氏、杨氏、张氏和李氏祠堂，但因四姓人口及社会地位差异，其规模也并不相同。当地流传着“冷家祠堂金銮殿，杨家祠堂河塘边，张家祠堂茅坑边，李家祠堂砖头堆”的说法。如今规模最大的冷家祠堂尚存前面五间，被用作村中的“老人之家”，因仍被使用，还能看出原先的模样；李家祠堂在张王庙东，现被用作村委会，内有调解委员会、卫生保洁站、互助中心等。过去前后应该有两进或三进，现仅剩一进，其旁有后来搭建的一些附属建筑，并用墙垣围合成院。杨氏祠堂在村口水塘北岸，建筑已颓坏。张氏祠堂因年久失修而倒塌。

（3）张王庙

张王庙位于村中古街以北，庙门遥对村南的迎嘉门。入庙门，左侧有一棵胸径近2米的古银杏，古树高达30余米，在村外极远处就能见到。其旁券门上有清人朱梓题写的“银杏山房”字额，券门内有一些低矮的单层小屋。张王庙的殿宇在古银杏之后。

相传张王庙始建年代较早，明天启元年（1621）重修，清咸丰十年（1860）被毁，同治时（1862—1874）重建，抗日战争时被日寇彻底烧毁。现存的庙宇是近年村民集资修造的，为一幢面阔三间的平房，明间开设一狭小的双扇木门，两次间没有门窗，形制与当地普通民居相仿，若不是墙面的黄色，几乎不知为庙宇。虽然张王庙建筑年代不是很久，但质量不高，显出年久失修的模样。

张王庙供奉何神，传说不一，过去香火旺盛。每年农历正月十五的开门节、十月十五的关门节，届时会有无数人从远近赶来，到此参与庙会。

宋井
姚 桥 路
捆山河路
张王庙
银杏山房
李家祠堂
太平门
朝阳门
冷家祠堂
冷通宅第
迎嘉门
丽华堂
禹王井
杨家祠堂
黄花水塘
北
0 25 50 75 100M

华山村总平面图

⊙张王庙

⊙张王庙大门

⊙清代朱梓题写的“银杏山房”

主干道石板街

街道巷门

石板街两侧的民居

村落深处的民宅院落

迎嘉门

石板天井

门楼砖雕

砖雕细部

石板天井

院门砖雕

⊙院门内侧

⊙嵌在墙上的“镇符”

⊙山墙

⊙天井

⊙砖雕门楼

⊙门楼题额

⊙内堂次间

⊙朝阳门

⊙墀头雕饰

⊙墀头雕饰

葛村

葛村位于镇江市以东约20千米的地方，现为镇江新区丁岗镇所辖，这里是大港至丹阳的公路交汇点，也是联通镇江与常州、通往扬州及广大苏北地区的省道国道的必经之处。

1. 历史沿革

葛村地区人类活动的历史悠久，至今留下了距今六七千年的磨制石器、陶器、骨器等原始器物，之后人们在此从事农耕、繁衍生息。据《丹徒县地名录》载，南宋康王时，有解、殷、魏三姓自山东滋阳（今兖州市）葛村迁来，为不忘根本，也将定居之地取名“葛村”。也有说殷氏原籍陕西，高宗南渡时迁润的殷姓始祖殷秩已久居泰州；魏氏旧籍滋阳葛村，后迁徙宿迁，北宋末迁京口；而解氏原与魏氏存有亲缘关系，亦来自滋阳。之后在镇江逐渐发展，遂成巨族，且彼此缔结姻亲。

随着人口繁衍，葛村渐渐扩大，而村民大多仍为解姓。

2. 形态格局

过去，葛村是姚桥、大港、大路，乃至扬中、丹阳埤城、后巷、界牌以及武进等地的居民去丹徒、镇江的必经之路，镇江人去丹阳、常州、金坛等地，也须经由葛村的古道，所以葛村中那条由村东头至西葛村的古街就成了村庄发展的起点。古街不断延长，村落则在古街前后逐渐扩大。

来往商旅促进了街市的繁荣，盛期的古街两边店铺林立，有百货店、杂货店、饭店、茶坊、客栈、诊所、中药店、粉坊、碾坊、磨坊、豆腐坊、鞋匠铺、木匠铺、裁缝铺，甚至连棺材铺都应有尽有。早晚两市，街面上还摆满了小贩的摊挑，当天宰杀的猪肉和下水，刚出水的河鱼江虾、各式新鲜蔬菜、溢着清香的莲藕、菱角、瓜果，把小街装扮得多姿多彩。早上有烧饼、油条、鳝丝面，午饭时有肴肉、甲鱼、螃蟹，冬日里还有东乡的羊肉、诱人的羊肉汤。繁华的市场造就了葛村的规模，当年在古街的商铺之间数十条小巷不断向纵深延伸，构成了村中的交通网络，街巷之间散布着奢简不一的民居。

尽管经历了社会的变迁和经济的发展，旧时的建筑依然保留了不少。葛村现有60余处古建筑，有宗祠、走马楼、古更楼、古民居、四合院等，还有距今近千年的宋代古井、数百年前的明清砖雕以及数百年的古蜡梅等。那条被车轮磨得光滑如镜的石板古街，可令人遥想当年车轮的铁箍、骡马的铁掌碾压和行人草鞋践踏的伟力。当人们行走于村中的街巷上时，清水砖、空斗墙、黑色的小瓦随时能映入眼帘，让人有一种时空穿越之感。因而葛村一度被认为是“江苏为数不多的古村落”“镇江最美古村落”。

如今村域规模达5.2平方千米，成为有570多户、2480人的大村庄。随着近年的发展，如今村东为通港路，北有港南路，南面是338省道。这里成了镇江新区的南大门，也是联通镇江、常州甚至苏北各地的枢纽。

3. 特色建筑

（1）解氏宗祠

位于葛村中心的葛村解氏宗祠始建于明代景泰年间（1450—1457），清代乾隆十六年（1751）重修。主体建筑前后四进。据村民介绍，原先祠堂之前设有影壁，其后有宗祠管理配房七间。影壁和大门之间，左右建有圈门，大门之前还有左右旗杆。

宗祠第一进面阔七间，当中的明间设为门厅，屋面略略上翘，使檐口高于两旁建筑，檐下施斗拱。中柱间置门扇，门前置巨大的抱鼓石。门厅两侧各为两开间的倒座，过去东首两间为厨房，西首两间为粮库。如今东侧称“松竹室”，西侧命名为“翰墨苑”。二进面阔五间，当中三间辟为仪门，两梢间檐下砌筑槛墙，安槛窗、门扇，成为门侧附房。仪门之前用游廊将前天井分作三院。三进为祠堂正厅，面阔三间硬山顶，建筑构架用材硕大，构造简洁，造型明快，基本保留了明代建筑的风貌。正厅两侧设有两庑，面阔六间，进深七步架，为葛村解氏20个分祠的祭祖室。正厅之后是五开间的后堂，过去是供奉祖先神像和牌位的祖殿。东西两侧阁楼上有橱柜，存放家谱及一切资料。

近年来葛村的解氏宗祠进行了大规模的修缮，部分建筑恢复。在中轴线的西侧设置了西跨院，其间建有面阔五间的主体建筑，前后辟为庭院。

过去葛村鼎盛时曾有解氏分祠20处，如今保存较完整的仍有4处。当地解氏总堂名为“恩荣堂”，分祠分别为：册、礼、乐、射、御、书、数、左、右、孟、仲、季、唐村、春、夏、秋、冬、福、禄、寿。其中“册”支祠始建于清乾隆三年（1738），2007年被拆除，现将恢复重建。

（2）民居建筑

在经历了近千年的沧桑变迁后，葛村尚存明、清及民国时期的民居数十座，颇具代表性的有榜眼府、解朝东故居、古更楼等。

榜眼府建于清末光绪年间（1875—1908），是当年一位武进士解兆鼎的故居。建筑三间两厢，与村中其他同规模的民居相似，颇为特殊的是其东向的宅门，尺度虽然并不太大，门框也是当地清水砖砌，但是门扇两旁设巨大的“八”字形门宕。据称，在古代这种形制是武进士的建筑标志之一。

近代解朝东虽为葛村人，但在解甲归田后移居大港，今天的解朝东故居是其亲戚的“勤怡堂”，经修缮改作陈列室，其原貌基本保存。在其东面的一所三进的老房子，属于较典型的民国初期民居建筑。

村中魏荣生宅也是一座两层的传统三合院。主楼坐北朝南，面阔三间，进深六步架。室内用板壁在前后柱间予以分隔，形成明间为堂屋、次间为室的布局。明间底层安六扇槅扇长窗，楼层开设楼窗，楼窗之下用裙板，不设腰檐。室内立柱全部落地，构架较为纤细。主楼两侧置厢楼，深两步架，两厢楼前砌以高墙，其内围合成天井。院内有条石铺砌的甬路。厢楼的底层向天井开门，上下层仅在当中辟两扇小窗。东厢底层有向外的侧门。正面高高的院墙正中辟门，门框为清水砖砌，门框上部用砖雕小插角装饰。

如今类似的民居还有不少，据统计，葛村有10余幢明清古宅，民国建筑约有50余处。一般为三四进，最多的达到七进。这些建筑结构严密、布局合理，多进穿堂式高墙深院，天井、小院内常有花木点缀，给人以幽邃典雅之感。一些民居的大门门楼、院墙等处常有青砖雕饰，有人物、花卉、鸟兽等题材，雕刻精美。墙垣花窗图案别致，用青砖磨砌成圆形、正方形、长方形等几何图案。内院隔墙的洞门框宕磨砌精致。

（3）古更楼

更楼距榜眼府不远，为两栋四合院间的一座过街小阁楼。离地约三米，面积仅四平方米左右。前面有木制栅栏，设一小门，可供值夜人搭梯子上下。更楼的下面前为小巷，后有券门与另一横巷相通。

（4）庙宇

过去葛村一带的庙宇较多，村中有大帝庙、普济庵、文昌阁、大王庙、莲花庵、新鞍庙等，一些庙宇历史久远，屡毁屡建。只是在20世纪50年代之后或被移作它用，或被拆除，如今仅留下文字记载和基址残迹了。

大帝庙相传是刘备东吴招亲时的行宫，故又称昭烈行宫，位于西葛村，后毁。据方志载该庙在清代嘉庆五年（1800）重建，内设戏台，每年二月初八举行庙会，并请戏班子在庙内万年台上唱戏。后被拆除。其余庙宇建造年代或早或晚，大多在20世纪50年代之后被拆除。建于清末的观音殿在20世纪50年代被用作乡五金厂，后工厂发展，也被拆除改建厂房。

（5）水井

葛村是一座有着千年历史的古村，旧时村民为生活用水而开凿水井，普通人家的房前屋后就能见到水井的身影，但随着生活方式的改变，原先随处能见的水井也渐渐被人遗忘。直到前阶段的第三次全国文物普查时，重新发现了村中的九口古井。其中保存完好的有四口，三口经鉴定为明代和明代以前的，一口为清代的。井栏形式也有各种造型，有圆形的，有六面形的；有雕花的，有镌有文字的。

马岗井是一口至今仍保留着“井神”的古井。呈腰鼓状的井圈为青砖砌就，井栏一旁树立着一尊用花岗岩雕琢，高约36厘米的“井神”。只是“井神”曾遭人为损坏，造像变得残缺不全。

解氏宗祠前面的古井是使用频率最高的，过去祠堂里的各项活动大多会用到此井之水。八角形的白石井栏呈腰鼓状，上面留有数道井绳磨砺的痕迹。

村东的琵琶井不仅年代久远，据说在夜深人静之时，井底会传出类似于弹琵琶的声音，故名。

砖筑民居

宅门

天井与内宅

⊙外墙

⊙檐窗

⊙住宅内陈设

⊙三合院外观

⊙宅门

檐口砖雕

山墙

⊙门屋与倒座

⊙厨房内陈设

⊙小巷与两侧的民宅山墙

⊙堂楼与厢房

⊙堂楼与厢房

⊙门间与上面的走马楼

山墙上的六角通风窗及窗楣

小巷与过街楼

塞口门

砖枋雕饰

杨柳村

杨柳村位于南京市的江宁区，这里地处秦淮河平原，周围湖荡密集，偶有丘陵小山。古村坐落在马场山南，杨柳湖畔，依山傍水，富有水乡特色。

相传杨柳村形成于明代万历年间（1573—1620），到清代康熙、乾隆时古村得到了快速的发展，陆续出现翼圣堂、翼经堂、四本堂、树德堂、思承堂、礼和堂、酌雅堂、安雅堂、崇厚堂、序乐堂、居易堂、天乐堂、映雪堂、祖耀堂、文光堂等具有一定规模的民居。

1. 形态格局

杨柳村虽然前临湖泊，背靠青山，但山体不高，水面也并不大，而村落坐落在山水之间的平地之上，村中还散布着大小池塘。古村东西向展开，目前是以村前一条主路作为干道，大多数民居分布在干道的北侧，数条南北向的小巷与主路相连，并通向村落的深处，形成梳状的道路系统。原先宅院之间的闾巷全以青石板铺路，条石为阶。过去有“青石墁地石门楼，走进杨柳不沾泥”说法，但如今这样的景象已经见不到了。

2. 特色建筑

杨柳村的传统民居大多坐北朝南的院落式布置，一般的住宅以三进为多，也有四五进的，规模最大的翼圣堂深达七进，传统民居大多高墙深院、灰墙灰瓦，形成了统一的古村风貌特征。

当地民居的平面布局和结构方式与宁镇地区常见的传统居宅基本相同，一般的民宅通常沿中轴线布置门间、堂屋和楼房，规模稍大的则会在左右安排客房、次要住房和辅助用房。

门间通常面阔三间，进深四到六步架，两坡硬山屋顶。为能在前后柱间安装分隔的板壁，故脊柱落地。构架的结构方式与南京及周边地区基本一致。大门设在门间檐墙的当中，门宕多用砖砌，也有部分使用条石门框，其上饰以门头挑檐。与当地城市传统民居稍异，这里的门头挑檐尺寸较小、结构简单，但精雕细刻的处理并不输于城市。

堂屋面阔亦为三间的硬山建筑，前部置“轩”，中间主体部分深四步架，后部设深一步架的后廊。堂屋内部分隔较为自由。

楼房深六步架，中柱落地，上下层立柱贯通，用料较细，柱梁结构方式与宁镇地区的民居建筑相似。楼房的正面有出挑的腰檐，其檐口用雕花木斜撑予以支承。

翼圣堂是村中规模最大的一所民宅，前后七进。虽然经历了数百年的风雨，至今依然大致保持了过去的风貌，轴线明确，内外有别。在中轴线上由前往后分别为门厅、轿厅及住房，左右布置有客厅、书房、次要住房和厨房杂屋等。内宅部分大多为二层建筑，楼上宛转相通。房梁架上多有雕刻，不施彩绘，素雅明净。室内门为格扇、屏门，窗棂造型多样美观。

此外村中还有礼和堂、思承堂、树德堂，三堂并列，相互穿通，外有高墙围绕。建筑建于乾隆年间（1736—1795），保存较为完整。

3. 建筑修饰

杨柳村古建筑灰瓦灰墙，整体给人的印象似乎非常平素和简洁，但仔细观察就会发现建筑上施用的雕饰颇为丰富，而且雕工细腻，纹式精美。在用青砖砌筑的门宕上端，叠涩挑出的装饰不仅有秀丽的造型，有些在表面还施以不同的线刻图案；而在条石构成的门宕中，上端置装饰性插角，其棱边刻出纤细的线脚，给人留下极为精致的感觉。门头挑檐上用水磨青砖嵌砌的垂柱、枋子精巧美观；层层挑出的叠涩檐口形成柔和的线脚，两侧砌出的博风头常刻出吉祥图案；上部脊饰的卷草雕纹等，这些独具匠心的处理造就了杨柳村古建筑的古朴典雅。

建筑的墙体大多在下部用方整的条石砌出墙裙，上用青砖实砌，再上为空斗砌筑。墙面一般为青砖勾缝，也有用抹灰刷白。外檐墙的檐口处砌有抛枋，有的建筑在抛枋上还雕置装饰纹样。颇为讲究的在山墙的屋面下还砌出砖博风，端部施以砖雕。此外，墙体之上还可以见到一些非常有趣、极具生活气息的处理，比如在山墙山间处的六边形气窗，厨房灶台上方的排烟窗，大门旁为猫狗等小动物开设的出入通道等。

过去杨柳村中的槅扇都有精致的窗棂花格、秀美的裙板雕饰。雕刻题材有花卉、人物、暗八仙、琴棋书画等吉祥图案，雕刻手法与砖雕相似，显示出内蕴的书卷气。

府宅外貌

大门与外墙

内院门

内门

内院天井

⊙礼和堂正厅

禮
白鶴沖天九萬里

⊙天井

⊙天井

⊙青砖墙裙

⊙花边纹样砖雕

⊙轩梁雕饰

石雕勒脚

石雕勒脚

土地庙

卷草砖雕

博古砖雕

砖雕细部

漏窗

牡丹砖雕

佘村

佘村位于南京市江宁区，为东山街道所辖。从村中一口古井的井壁题字可知，村子至少在元末明初已经存在。而据村民说，该村的历史可追溯到唐代以前。相传明末清初一位潘姓富商到此定居，之后逐渐兴修住宅、祠堂。又经过数百年的繁衍发展，遂形成今天所见拥有百余户人家的村庄规模。

1. 形态格局

村庄的北侧是青龙山，东南是大连山，西面是低山丘陵，村头有一座面积很大的水库，因地理环境形成了一个封闭、内向的环境。一条南北向的干道贯穿全村通向青龙山。村中另有一条东西向的道路与南北干道“丁”字相交，出村通往相邻的村庄。在这两条主要道路之间联有十数条小巷、支路，由此构成了村中的交通网络，并联向各家各户。

虽说该村历史久远，但自然的磨砺、灾害的毁损、战争的破坏以及持续不断的修复与改造，使村庄始终处在更迭变化之中，尤其是近年以来，随着村民生活水平的迅速提高，这种更新速度也大大加快，村中原本曾数十年未经修葺而保留的诸多明清建筑及由此形成的传统村落风貌，也因近年的经济发展而发生了巨大的变化。所幸的是如今村中尚存数千平方米保留较为完整的明清建筑以及散落在村落各处的旧建筑残件，还能让我们感受到过去的风貌。

2. 特色建筑

（1）潘氏宗祠

保留较完整的一处祠堂位于村中南北主路的西侧，据《潘氏宗谱》记载，该建筑为潘恒才所造，始建于清朝顺治初年，之后又经过多次修葺、改造，据传这组建筑在民国10年（1921）作了最后一次修造，如今为村委会占用。

祠堂坐北向南，前后三进，东西两侧设有高大的马头墙。第一进为门屋，面阔三间，进深五架。明间辟为大门，屋面作抬升处理，使明间高于两次间，从而突出了大门的地位。门屋中柱落地，大门设在明间两脊柱间。大门两侧置一对高大的青石抱鼓石，前檐置斗拱。第二进为前堂，深七架。明间檐下施粗壮的楣枋，梁架雕有精美的图案。第三进为后堂，深亦七架，但尺度略小于前堂，雕饰也大大小于前堂。由此造成了主次分明、突出主体的效果。

（2）民居建筑

保留较为完整的几幢民居位于宗祠西侧约10米处，是由三组相邻的宅院构成，以西宅保存最好。据称其主人亦为潘姓。

住宅南向，每宅前后三进，外用高墙围合。大门设在南面第一进的檐墙上，用青砖砌为边框，上架青石过梁，内装木门。其后是前堂后室，被分别用作大厅、客厅、住房、书房、厨房、杂屋等。宅院格局严整，限于古代建筑等级，装饰较祠堂简洁，主要被施与大门内的门楼（门楣）之上。

（3）建筑细部

佘村的明清建筑采用的是传统砖木结构，作为村居，建筑等级不会太高，所以构件都相对纤细。外墙用条石墙基，青砖空斗砌筑。木质门、窗等细部处理颇显地域特色。而从使用的雕饰上，可以看出当年的时尚以及村中居民的经济实力。

潘氏宗祠大门，在檐下施平身科三朵，但构造方式与通常所见小有差异。梁柱的结合与一般抱头梁相仿，在抱头梁前端承托檐檩和挑檐檩，不用柱头科，但置于柱头的额枋位置稍下，其上承五踩平身科斗拱。这种结构方式显示了民间的做法。修长拱形，与纤细的梁柱一样也体现了民间用料的特色。

民居大门的青砖边框上端与石过梁间用叠涩出挑的青砖作装饰、大门上部的挑砖门楣也是当地建筑的特色之一。门楣上施用砖雕石刻，能给人以精美、雅致的感觉。院内的门楼（门楣）上不仅有雕花的砖枋，还有“天赐纯暇”“福禄申之”等砖雕题额，反映了当地村民的生活追求和文化品位。

若能留意，在一些传统建筑外墙上发现一些饶有趣味的处理。如大门一侧的下部常能见到设置了供猫、狗出入的小洞，这些洞口常在砖过梁上雕出圆弧形上凹的装饰线脚；堂屋的山墙上有位置稍高、尺寸不大的圆形洞口，这些圆洞是室内的排烟通风口，用块石凿出，而洞口上方砖砌的窗楣，小巧精致，有极佳的装饰效果。

由于南京地近徽州，当地建筑造型和构造受到徽州的影响，因此不少人一见就称其为徽派建筑，其实若能深入观察，还是能发现它与徽州建筑的区别，而这些差异就是当地的特色。

潘氏宗祠大门

门楣细部

门楼雕饰细部

⊙大门内一进天井

⊙门框青砖砖墩下的青石勒脚

⊙门框青砖砖墩下的青石勒脚

砖雕细部

⊙门楣细部

⊙民居大门

⊙漏窗

⊙门框砖雕插角

⊙通风楼窗及窗楣

⊙石雕排水口

砖雕门楼

楼廊

火巷

⊙厨房

⊙水缸

住宅侧门

封火山墙

余西

位于长江入海口北岸的余西是一座有着千年历史的古镇，原名“余庆场”，亦称“庆余场”。当地因煮盐业的发展，于唐末形成集镇，经北宋的兴盛、明清的繁荣，逐步成为东南沿海的盐埠大镇。但进入近代社会之后，余西也像我国许多城镇一样，逐渐衰落了，但明清以来的镇市格局基本完整，众多的历史遗迹依然留存。今属南通市通州区二甲镇。

1. 历史沿革

余西的发展可以说是因盐而生，因水而存。最初当地的海岸线尚未向外推移，所以当地居民利用海滩煮卤晒盐。之后海岸东移，这里逐渐转化成盐业集散的枢纽，明代初年当地设立盐务衙署，之后一应的政府机构在此出现，还有城隍庙、文庙、武庙，乃至市坊、义冢等，明代中后期为防倭寇还修筑了城墙。

由于原余庆场范围太大，后来分为余西场、余中场和余东场。雍正九年（1731）余西场与余中场合并，遂成为今天的余西。

在余西之东，宋范仲淹出任泰州西溪盐官时，为防“风潮泛滥，淹没田产，毁坏亭灶”，曾修筑了北起掘港、南迄通州余西场，堤底宽10米，堤面宽3.3米，堤高5米，全长70余千米的长堤，人称“范公堤”。之后海门知县沈起又筑堤35千米，连接范堤，并延伸至吕四场，人称“沈公堤”。

2. 形态格局

余西初为滩涂，故其地势平坦，之后设为盐场，为引水和排灌的需要，开凿了纵横河渠，于是形成了以水为主的空间格局。

随着盐务衙署的设置，传统的礼制秩序影响开始显现。盐业分司衙门被置于城北居中，其前设东西向的北街，庙宇、学堂分布于衙署的左右。正对盐务衙署的是贯通全镇南北的主街，其南端连接一条东西向的南街。由于南街地近绕镇而过的运盐河，过去的水网地区运输主要仰仗船只，而这里设立盐务衙署之后，成了盐业转运中心，因而镇南的南街上商铺林立，成为繁华的商业中心。

在三条主街之间连接着十数条小巷，由此形成了镇域的路网系统，其间散布无数的民居。

经历了沧桑变迁之后，余西原有街巷肌理基本完整，街巷两侧当年的商铺、旧宅尚有不少留存；城河沿岸自然风貌仍在；原有的迎江、登瀛、对山、镇海四门，保留了南面的迎江门两侧城门垛残迹。这些遗存较好地显现了昔日的繁华，同时也能反映出过去东南盐埠大镇的形态格局。

3. 特色建筑

（1）寺观祀祠

过去余西曾建有不少的寺观祀祠，随着岁月的流逝，像大悲殿、文庙、武庙、大王庙、城隍庙、红庙、曹氏宗祠、十甲庙、三官殿等都已成了遗址，如今尚存的有都天庙、头甲庙、西来禅院、元帅庙等数座庙宇，尚能常年迎来不断的香火。

当地为人称道的大悲殿坐落于镇北护城河外，是一座祀儒、释、道三教于一处的祠堂。祠前置高大的照壁，祠门南向，平日正门常闭，非重大祭典不开，日常由祀祠东北所设的朝北角门出入。入祠门东折为地府室，供奉阎王，黑、白无常，牛头、马面等鬼物；西折是空室，专供施主暂厝棺廓用。中路二进是前殿三间，之后有中殿三间，最后为后殿四间。内供西方三圣、玉皇、老君，八大金刚等佛、道、圣人像。西厢房五间，供奉一诺堂季氏祖先牌位；东厢房六间，作厨房、账房、接待室、祠僧起居室等。

前殿东南角的跨院内建有六角魁星楼，供奉魁星。楼西有古藤紫薇一株，古梅两株，祠内还有不少奇花异木，四季常青，鲜花满园。

上世纪60年代初，余西初级中学迁入大悲殿，原来的祀祠风貌逐渐随学校的发展而改变，原先的古藤、古梅已枯死，现尚存明代古罗汉松、清代古银杏各一株。

（2）精进书院

余西虽属商业市镇，当地的文化却十分繁荣。历史上曾出现过传承于北宋东京（今河南省开封市）的书画流派、受益于（南）宋元金陵（今南京市）的书画派以及深受明清扬州书画影响的余西书画派。与之相同的是，当地对文化教育也相当重视。过去文庙通常仅置于州县一级的城市，而在如此乡镇建有文庙，是其他地方较为罕见的。从精进书院的创建，则可以看到当地从民间私塾到近代小学的转化历程。

位于北街东段的精进书院原是任宅私塾，光绪十七年（1891）绍兴人唐汝峒任职余西，为报国图强接受新学，利用原私塾所创设，并延请余西秀才任焕文执教。

由于书院原为私塾，所以精进书院与当地普通民居相仿，前后两进主屋，均为面阔三间、深六架的单层硬山顶建筑。明间内收，槅扇门设置在金柱之间，形成已开间的前廊。室内立柱较细，全部落地。柱头施穿枋。檩条上覆芦帘，泥背，盖小青瓦。

进入民国，科举被废止，精进书院改成了余西小学。现旧址基本保存，主体建筑尚完好，周边一些附属建筑已废。

（3）民居店铺

余西民居多为三开间的平房，受传统的影响，建筑以院落为核心组织空间，沿纵深方向依次布置墙门、天井、厅堂、内院、杂屋、后院等，两侧对称布置厢房。沿街的商店亦多为平房，前店后宅式，设边门或后门，店堂内门也可通往内宅。

民居主屋大多深七架，因三开间的建筑中用内壁分隔出堂、室，所以构架较细，且有将所有立柱全部落地，柱头用穿枋拉结、联系；也有檐柱、下金柱和脊柱落地，上金柱立在前后双步之上。在临街的店铺中，规模稍大的，是将檐柱和下金柱落地，金柱上架大梁，以扩大室内无遮挡空间。

建筑中明间往往将槅扇退至金柱间，前面留出前廊，而此间将窗户安装在檐柱间，在内侧檐柱与金柱间辟门。明间和次间用内壁分隔，使堂与室区分开。多数内壁用木板镶嵌于柱枋间，给人以温馨的感觉，也有少数用砖墙，显然有简陋之感。

室内通常都用青砖铺地，大部分施用45°斜铺方砖或黄道砖，少部分在次间铺以木地板，其目的主要是让卧室更为干燥、宜人。

目前余西保留的传统民居、店铺还有不少，其中像朱晋元故居、朱理治故居保存较好而被列为市级文物保护单位。张云程故居、曹海安故宅、马一行烧酒坊、徐宅、曹金波故居、廉森源老号等被列为优秀历史建筑。

（4）牌坊

余西过去还有不少牌坊，以表彰当地居民的功勋、科第以及忠孝节义，现存三座。钱氏节孝牌坊为两柱三楼石牌坊，是当地保存最完好的一座。

（5）作坊

为满足当地居民日常生活的需要，过去余西的大街小巷中散布着各种作坊，如黄家染坊、杜谊茂绸布庄、曹家酱园、季家酒坊等，有些直到今天还在生产。

弹石路面村街

已修整的古宅

山墙

山墙博风

木櫍柱础

水井

弹石街两侧的店铺民居

⊙弹石街两侧的店铺民居

⊙弹石街两侧的店铺民居

丁字路口

临街建筑

⊙堂屋

⊙堂屋

村中的石牌坊

⊙理发店

⊙鞋店

⊙富有生活气息的室内陈设

⊙当地居民悠闲的生活

◎精致的长窗可见当年的繁华

◎院门

◎街边的楼房

⊙石牌坊

⊙业已破败的民居

⊙古井

安丰

安丰今为盐城市的东台市辖镇，其历史非常悠久。

1. 历史沿革

据考，在距今1000多年的唐开元年间（713—741），这一地区已被载入史籍，当年这里地濒沧海，百姓以烧卤煎盐为业，故初名“东淘”。由于滨海之地常遭海涛侵袭，到北宋仁宗天圣五年（1027），西溪盐仓监范仲淹率民修堤，以挡海潮，百姓更希望安居乐业、丰衣足食，故后改“安丰”。随着岁月的推移，至清代嘉庆年间（1796—1820），安丰已有19694家灶户，48413名灶丁。历史上形成的“七里长街”，如今依然保留着昔日的风姿，经过整修后的老街南段已被列为市级文物保护单位。

2. 形态格局

古镇安丰的东侧有海河，为水路盐运要道。西面的串场河可直达长江，交通、运输十分便利。明清时期当地盐业发达，带来街市繁荣、商业兴旺，由此形成了一条南北走向的“七里长街”。街道两侧有能通往市镇深处的十余条小巷，由此构成古镇的道路系统。街巷的路面皆砖石铺砌而成。

鼎盛时期远近商贾云集于此，店、行、坊、馆遍设古镇，街旁屋宇鳞叠，商贾辐辏。据记载当年全镇有纯商业行业40多个，店铺800多家，商贩2300有余，经营着棉布、酒酱、八鲜、南北货、鲜肉、茶叶、家具、中西药品、瓷器等商品，收购棉布、粮食、草鞋、鲜蛋等农副土特产品，生产食油、粮棉、茶干、茶食、糕点、旱烟、首饰等上百个具有地方特色的产品。

随着时代的发展，安丰的城镇中心已经北移，新镇区内现代建筑、现代设施已经大量涌现，因而古街显得有点破旧、冷清，但古镇中的清代鲍氏宅第、吴氏家祠以及古街两旁的传统店铺、民居，依然能让人感受到历史的浓郁积淀。

3. 特色建筑

（1）街市建筑

古镇上的建筑一层的平房较多，偶尔也能见到两层的楼房，但数量不多，因而像镇中鲍姓宅第被称之为“鲍氏大楼”，这反映了市镇的经济水平和居民的生活方式。

街道两侧也多为两三开间的单层店铺。其进深有单进的，也有两到三进的，形成前店后坊或前店后宅的传统格局。现今这些建筑的外观十分简朴，山墙墀头之间所能见到的仅纤细而陈旧的柱子分划出开间，柱、枋之间安设着门板而已，但若细细观察，即会发现有些建筑的檐下、墙面还保留着不少建筑残件，从中可以想象，当年街市建筑的形貌要比今天更为精美。

当地街市上临街建筑的进深大多为六步架，但结构方式却有多种，有通檐用两柱的，其上以抬梁式架构各层柱梁；有常见的以下金柱落地，形成四柱七檩的构架；有将上金柱落地，前后金柱间置三架梁，金柱与檐柱间架双步梁；还有脊柱落地，前后五柱的。不同的结构方式主要与建筑室内的功能要求有关，同时也考虑到怎样能使结构最为经济。

店铺之内的住宅多为面阔三间、进深六步架，内部亦是明间为堂、次间作室的传统分隔。明间前部的槅扇装于金柱间，在其前面留出深一步架的过渡空间，以便将堂、室分开。

（2）鲍氏大楼

鲍氏大楼是安丰镇上最大的一所民宅，坐落在古镇王家巷1号。清代道光三十年（1850），鲍姓在此营宅造屋，其一部分作钱庄之用，所以外观高墙四围，内设墙门重重，所谓“大楼”其实也只是宅中建有数座二层的楼房而已。

现存建筑有东西两路，大门位于南墙东侧。东路前后两进，对门是轩敞的前堂，估计最初可能就是钱庄的经营场所，两侧建有左高右低的厢房。前堂背后用墙垣分隔，墙中置清水砖门墙。入门，过天井是第二进为带厢的堂楼，堂楼东侧有独立的东向侧门可供出入，西侧则可进入西路诸屋宇。再西原有规模更大的建筑组群，惜已毁。现存建筑约有400余平方米。

鲍宅大楼与江苏其他地方的建筑一样，前后六步架，分作轩、中部构架和后廊三部分。但其梁架形式却与当地其他建筑有所区别。明间两侧的五架大梁为矩形断面，更为特殊的是大梁插在金柱的上部而非架在梁顶。大梁之上置花盆斗立方形断面童柱，三架梁同样插在童柱上端，梁柱的结合方式与穿斗式相似。山墙侧脊柱落地，双步梁、单步梁和柱的结合方式与大梁相同。前轩中的轩梁结构方式亦同，但其上月梁的造型与结构方法也是别处少见的。有人以为鲍氏祖籍安徽歙县，当年在故里棠樾村营建宅第时，曾将扬州的匠师请去参与设计、建造，而商居安丰所建的鲍氏大楼也被认为受到徽州建筑的影响，但实际上这座建筑与徽州民居风格还是有一定距离的。

楼房的构架多少带有江南建筑的风格，虽然大梁、三架梁、双步、抱头梁等侧面略鼓，构件断面较细，但其造型却有许多相似之处。

现存建筑中数处砖雕门楼非常精致。一座是东侧的墙门，门宕与当地的传统一样，仅在其上部设一个小小的砖雕回纹插角，而在门宕上部则饰以精美的砖雕门楼。其形制与徽州做法较为相似，但形象相对被简化了。下部以两块砖雕作为垂柱，其上是以回纹作镶边的无字额枋，再上的中枋仅饰以凹凸线脚，上枋素平，枋侧不用垂柱，给人以十分简洁却不失精致的感觉。在界分内外的中门处也设置了一座砖雕门楼，其形式与前一座十分相似，但上下枋子上都饰以不同的回纹纹样和葵纹，字碑上刻有“福”字。两座门楼的脊部所施的脊饰为卷草纹，这在其他地方也较少见。

（3）吴氏家祠

吴嘉纪（1618—1684）是泰州安丰场（今东台市安丰镇）明末清初闻名的布衣诗人，字宾贤，号野人，在中国文学史上享有一定的声誉。其诗词以“盐场今乐府”诗闻名于世，风格遒劲，语言朴素，运思深刻，著有《陋轩诗集》。

吴氏家祠，坐落于安丰镇南石大街8号，现存为前后两进砖木结构平房，进大门另有两间小平房，其前门临街，后门通海河边。祠堂建筑的构架以及梁柱结构方法与当地其他建筑相似，但梁头的卷杀处理更为优美。

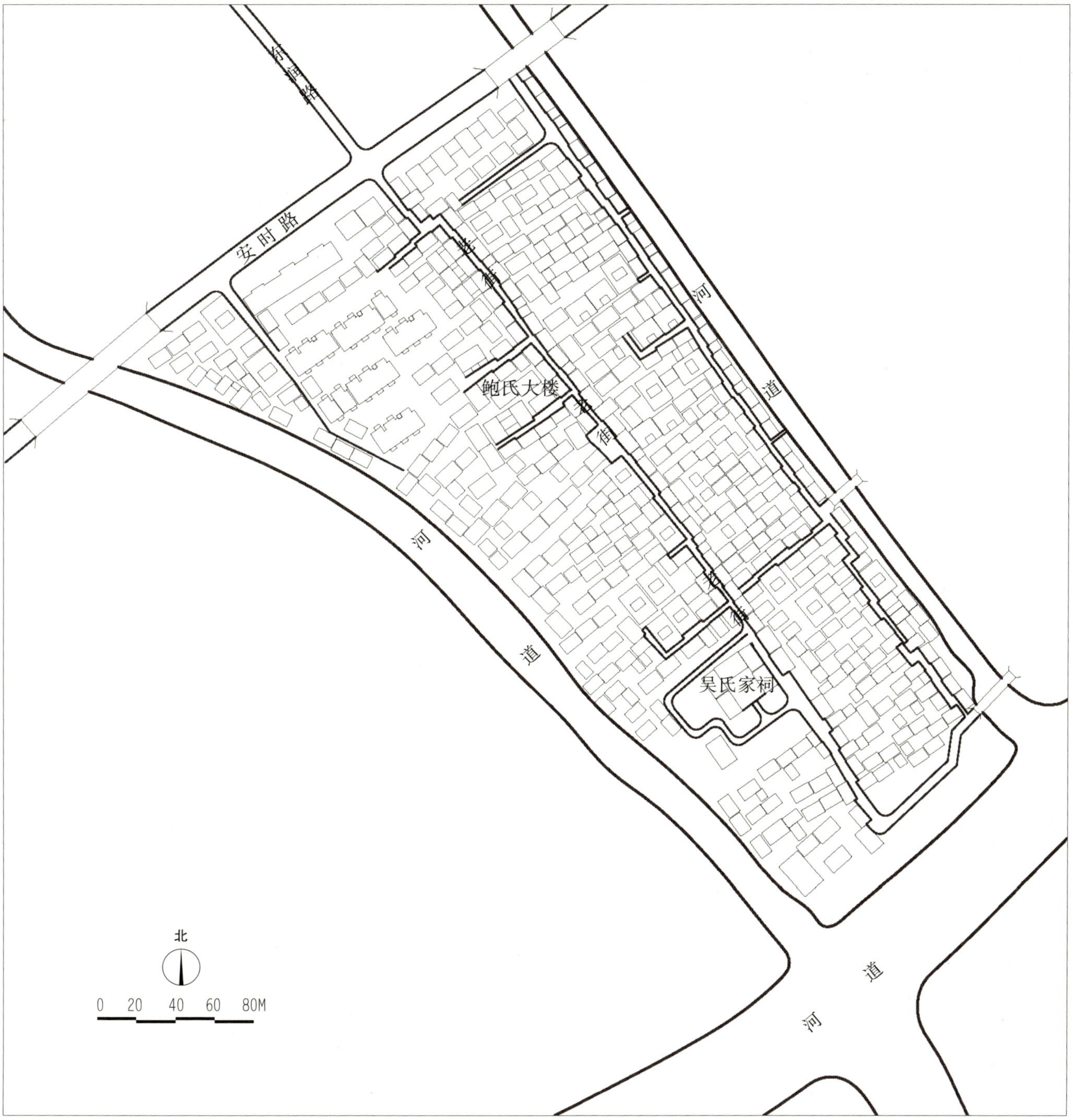

⊙安丰镇总平面图

⊙老街

⊙老街

长窗

老人

新修的院门

石板老街

⊙石板小巷

⊙老铺面

⊙村街

⊙具有当地特色的各种脊饰

⊙老者

⊙天伦之乐

⊙当地居民娱乐活动

⊙已经改观的乡村景致

⊙周边的河道农田

老街与老屋

老街与老屋

老街与老屋

村街鸟瞰

⊙新建的入口牌坊

⊙老街两侧的民居与店面

尹宋村

尹宋村位于南云台山北麓，这里古为郁洲地，现为连云港经济技术开发区朝阳镇中心地段。

1. 历史沿革

连云港地区虽在6000年前的新石器时代即有人类居住，然沧海桑田，古宅多毁。元末张士诚农民起义，江南不少民众北来，谓“红蝇赶散”，尹宋村及附近不少村落即形成于此时。清代顺治十八年（1661）朝廷实行“裁海”，境内所有村落几乎“一扫而空”，康熙十七年（1678）之后，因当地书生冒死陈言，皇帝降旨“东南要地不宜轻废”，于是“复海”，原先的居民逐渐返回，当地村庄遂有发展。鸦片战争后，连年战乱，人口增加缓慢，村落无大变化。直到20世纪50年代，尹宋村仅有百余户人家，400多口人。80年代后尹宋村开始出现巨大的变化，随着经济发展，人口增加，民居相继东展西拓，南伸北延，与新县、朝东二街毗连为一，形成占地达18万平方米的大型村镇。

2. 形态格局

早期的尹宋村与当地其他村庄相似，规模不大，房屋凌乱，巷陌曲窄，人居畜圈混杂，房矮屋小。康熙时期“复海”之后，将云台18村划为两镇，新县即与之不远。民国37年（1948），新县更名为“朝阳”。

据记载，新县大街铺筑于明初，全部使用青石，街西的孙巷、唐巷为条石铺成，其余都为泥沙路。尹宋村前后各有一条东西向村道，南面是宋巷，村北为尹巷。巷中原铺有青石，之后路面渐渐损坏，至民国几乎已成为土路。直到20世纪80年代之后，土路才逐渐被改造成水泥路。如今的尹宋村由朝阳路贯穿南北，并有数条东西向的横巷与之相连接。

与许多村庄一样，尹宋村周围原先也建有寺观、宗祠等建筑，如新县老街之西原有始建于唐代的兴国禅寺；位于狮子山下，俗名“娘娘庙”的汉东海孝妇祠；娘娘庙东有为纪念明海州知州郑复亨的郑公祠；位于曹巷南山坡上，创于宋代的祥云观；以及俗称“将军庙”田横祠、元帝庙、关帝庙、北海观音寺、张氏宗祠、孙氏宗祠等，可惜因岁月的磨砺及社会的变迁均已不存。

民国时期，新县街“丁”字路口有粮行、染坊、磨坊、铁匠铺、银楼、木匠铺、药铺、杂货铺以及露天摊贩二三十家，各村有做挂面、炸馓肘、打脆饼、制点心、编篮织筐的作坊近百家，另娘娘庙、将军庙有牲畜市场，农历逢五、十交易，每次为时半天。20世纪50年代之后，传统店铺作坊逐渐为当代的商店、工厂所替代。

3. 建筑特色

连云港地区地理位置偏僻，过去的经济水平低下，因而境内几乎没有能与江南或富裕地区相匹敌的大型民居。尹宋村大多数传统民居与当地其他村庄相仿，为石构平房，颇能显示当地民居特色。

新县老街张宅是仅见的一处砖瓦构筑的民居，现存建筑前后两进院落，后院堂屋单层。面阔五间，进深七檩，硬山顶。内用六梁、二十四柱。椽上铺砖望，瓦屋面。其前东、西置单层配屋各两间。前院南屋亦为五间，进深七檩，硬山顶。东侧设过道一间。20世纪80年代初，张宅修缮时，发现屋脊有一板条，上书“大明江山大明，永乐年代永乐”，由此可知该建筑建于明永乐年间（1403—1424）。

石构民居大多为单层平房，面阔三间，两坡顶。内用大叉手“人”字屋架，檩条较密，上覆芦帘、泥背，过去屋面有瓦顶，也有草顶。檐墙和山墙均用毛石砌筑，门窗较小。前后檐用石板出挑。规模稍大的民居常在三间正房之前置单侧或东西配屋，并用石墙围合成院落，甚至还有前后两进的四合院。过去家有余资者常在第一进的平房一侧建有炮台或炮楼以防土匪，大多高两层，少数高三层。无顶的称炮台，两侧山墙做成跌落式；有顶的称炮楼，两坡顶。墙面开设射击孔。

年代稍晚的石构民居有两三层的，其结构与平房相似。

随着社会的发展，连云港市周边的石构民居已渐渐为当代砖混结构的新建筑所取代，尹宋村虽然尚保留着不少石构民居，但也在不断消失之中。

带有炮台的居宅

炮台

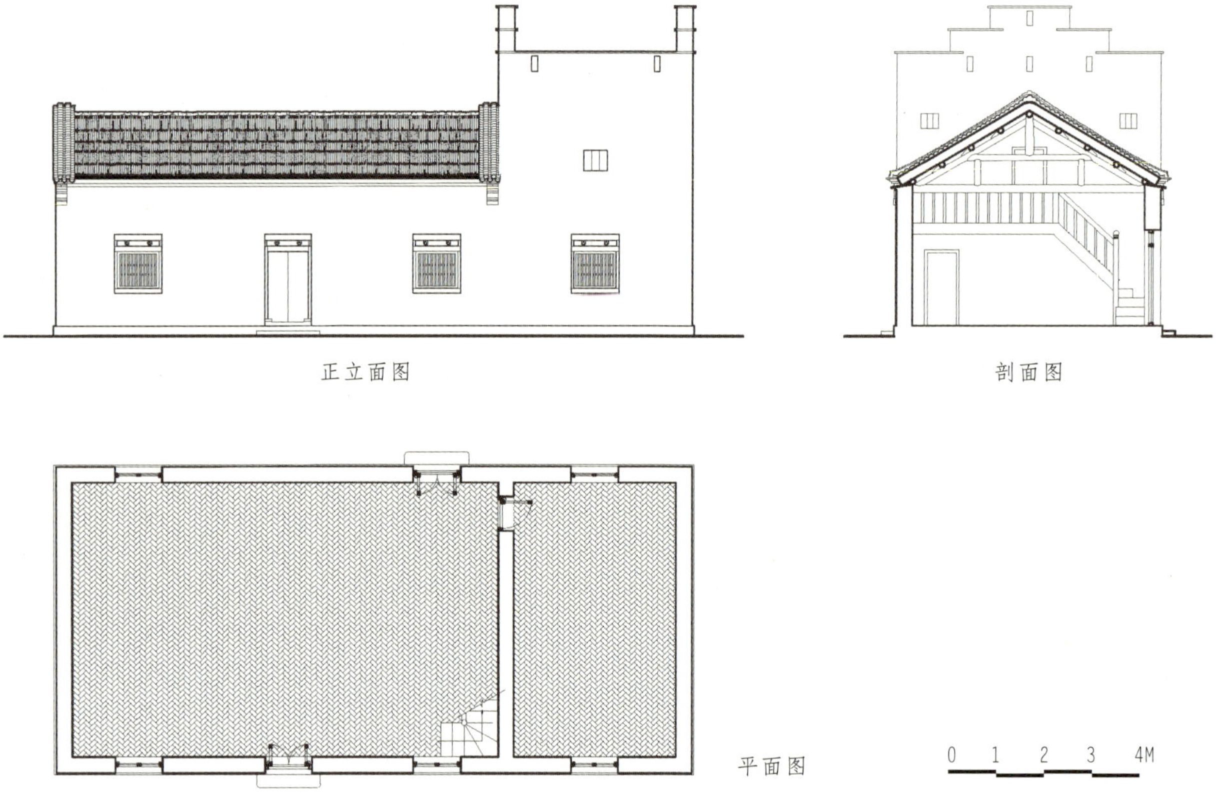

⊙带有炮台的居宅图

⊙民居石砌山墙

⊙炮台顶面

⊙炮台山墙面的射孔

⊙炮台射孔

⊙石砌墙体

石砌墙体

⊙乱石砌筑的墙体

⊙乱石砌筑的墙体

⊙当地仅存的传统砖房

⊙石屋檐墙

⊙石筑山墙

⊙石筑山墙

窑湾

窑湾位于江苏北部京杭大运河与骆马湖的交汇处，今属徐州新沂市。

1. 历史沿革

据史料记载，该镇始建于唐朝，清代康熙七年（1668）大地震后重建，为京杭大运河重要码头之一。这里是新沂、邳州、睢宁、宿迁四县（市）交界，号称能“东望与海、南瞰淮泗、西顾彭城、北瞻泰岱”，“鸡鸣闻四县”，曾一度市井繁华，人气旺盛，是苏北鲁南重要的商品集散地，为苏北商业重镇。而晚清以来海运兴起替代了运河的航行，津浦铁路开通分流了运河的运输，河湖的阻隔影响了当的发展地，致使发展停滞，经济逐渐衰落。如今镇中古街青石铺就的小巷，纵横相连，沿街店铺多为晚清风格建筑。

2. 形态格局

窑湾其实只是苏北一座普通的集镇，周围水网相绕。这里曾因依托近临运河的交通之便而兴盛、繁荣，成为运河沿岸重要商品集散地之一，同样随着水运为公路运输所替代，于是四外的河湖就成了限制其发展的屏障。

今天的窑湾被清晰地分成了新旧两区。

新区在老镇之北，主要道路东西向伸展，形成集镇的中心，南北向的纵深建设都不是太大。新区的建筑与传统民居在形貌上差距较大，大多为商住两用型的两三层楼房，即底层可用作商铺，楼层供居住使用。

老镇位于新区南侧，稍偏西，相距约数百米。镇西南濒临黄墩湖，沿湖的二湾、三湾曾是镇外上下货物的码头。镇东的湖荡原为沟通南北的老沂河，镇北还散布着数片大小水面，由水道将镇域围合成三角形地块。镇中由南北向的“中宁街”和东西向的“西大街”曲尺形相接，构成了古镇的街市中心。街道青石铺地，两街有鳞次栉比的店面，曾有钱庄、当铺、货栈、粮行、酒馆等，可以想象当年繁华时的景象。如今中宁街向北延伸即与新区相连。

两街之间由多条小巷通往古镇内部，随着镇域的发展，街巷结构也变得错综复杂。与所有的集镇一样，镇里的建筑绝大部分为民宅和店铺。过去这里还有颇具规模的商行、会馆，但如今已经被改造，无法见到曾经的辉煌，尚能见到的唯有学校和教堂，这反映出当地的文化特质。据当地居民介绍，以前古镇设有四栅，每日夜晚或非常时期，紧闭栅门即可保障镇上的安全。但这样的景致已经消失在过去的岁月里了。

3. 建筑特色

窑湾古镇中保留的传统民居建筑虽然兴建年代不一，但风格大致相同，且规模不大。就所能见到的而言，当地最大的民居仅前后三进楼房，由墙垣围合成院落，其余多为三合院或四合院。单体建筑的尺度不是太大，用墙围合也较随意。其实这是过去集镇一级行政建制的社会地位所决定的，因此即使当年这里经济繁荣，也不允许居民建造超过相关规定的居宅。

当地早期的民居大多为青砖灰瓦的硬山建筑，面阔三到五间，进深六七步架，开间尺寸不大，每步架的进深也很小。建筑以单层平房为多，也有少数采用两层的楼房。

街市上的店铺临街设深两步架的前廊，若为二层，其楼层较低矮，且退于廊后。有些建筑的廊柱和前金柱略显粗壮。底层柱间用门板，楼层用裙板和支摘板窗。后檐砌为封檐砖墙。

小巷内的民居若建楼房，则大多较高，前后檐均砌清水砖墙。正面明间辟门，次间开窗，门窗的尺寸都不太大。为了安全和私密要求，背面底层一般不开窗户，楼层则开设与正面相同或更小的窗户。若建筑设前廊，往往仅添筑于底层，上架建腰檐。由于前后檐均为砖砌，所以出檐极浅，但在明间楼窗前则用斗拱、挑梁将屋檐挑出，形成较深的雨棚。这是徐州地区传统民居建筑上的显著特点之一。

建筑内部，年代较早的大多在明间用柱支承木构架以承托屋面，山墙处则将檩条直接搁于墙上，稍晚的小型建筑也有将明间的构架直接架设在前后檐墙之上，因而省却了木柱。屋架用“大叉手”，即由下横梁（下弦木）、叉手（上弦木）以及蜀柱、上横梁组成的“人”字形屋架。檩条较细、较密，且常有两条并用。这种构架方式不同于其他常见的抬梁式屋架，但在徐州地区及山东南部的乡村、城镇的民居中被广泛采用，因此可以视为这是当地的建筑传统，也极具地方特色。由于使用了“大叉手”屋架，因此其屋面变得平直，没有举架，且较北京等地的民居更显陡峻。

建筑的外观立面在经历了岁月的磨砺之后显得陈旧，两条主要市街的立面因长期得不到应有的养护、修缮而给人以破败的感觉，但若能仔细观察，就会发现，这些建筑依然透露出当年的精美。临街店铺出挑的梁头雕纹、蜀柱的收杀等，可以看出当年屋主对美的追求。而隐于小巷之中的那些第宅则可以从墙砖用料较好、砌筑质量较高以及一些细小的砖木雕装饰中看到当初建筑的讲究。仅从檐下砖枋、山墙博风以及屋脊所用的砖饰件上就能见到丰富的变化。

门、窗框宕的造型变化不仅给人留下精致与优美的印象，而且还可以让人感受到时代演进的影响。比如稍早的建筑门窗框宕的上部施用木过梁，外皮青砖贴护，因而在外立面上既可以让人感受到它的结构方式，又使其与墙面格调统一，同时也具有一定的装饰效果。年代稍后的，则使用青砖砌平过梁或圆券过梁，这或许就是受了外来建筑形制的影响。

晚近的民居改用了红砖、机制瓦，内部使用了“人”字形桁架式屋架，但造型上还是保留了过去传统建筑的形制，而且数量不多，因此在整体风格上还是能够与古镇保持一致。

⊙骆马湖

⊙新修的碉楼

新修的碉楼

朝旭
祖先堂

整修过的街巷

整修过的街巷

⊙民居大门

⊙民国砖楼

⊙酱园

酱缸

新修的城楼

新修的城楼

新修的碉楼

石板街

民居庭院及其塞口墙

古老的邮局门额

⊙内院

⊙“人”字屋架

⊙砖墙

楼廊栏杆

整修一新的传统民居

整修一新的传统民居

主要参考文献

1. 江苏省地方志编纂委员会. 江苏省志：建筑志[M]. 江苏古籍出版社，2001.
2. 梁思成. 中国建筑史[M]. 天津：百花文艺出版社，2005.
3. 刘敦桢. 中国住宅概说[M]. 天津：百花文艺出版社，2004.
4. 雍振华. 江苏民居[M]. 北京：中国建筑工业出版社，2009.
5. 雍振华. 江苏古建筑[M]. 北京：中国建筑工业出版社，2015.
6. 朱建胜. 苏州古村落保护规划[M]. 上海：同济大学出版社，2008.
7. 刘沛林. 正在消失的中国古文明：古村落[M]. 北京：国家行政学院出版社，2012.
8. 许卫国. 远去的乡村符号[M]. 南京：凤凰出版社，2011.
9. 《天涯》杂志社.失落的乡村[G]. 上海：上海人民出版社，2012.

附录

上海市历史文化名村（镇）、传统村落名单

序号	名　称	地　点	文保级别
1	嘉定镇	上海市嘉定区	●
2	南翔镇	上海市嘉定区	●
3	松江镇	上海市松江区	●
4	下塘村	上海市松江区泗泾镇	●●
5	朱家角镇	上海市青浦区	●
6	练塘镇	上海市青浦区	●
7	金泽镇	上海市青浦区	●
8	枫泾镇	上海市金山区	●
9	张堰镇	上海市金山区	●
10	新场镇	上海市南汇区	●
11	革新村	上海市闵行区浦江镇	●●
12	彭渡村	上海市闵行区马桥镇	●
13	东南弄村	上海市宝山区罗店镇	●
14	高桥镇	上海市浦东新区	●
15	川沙镇	上海市浦东新区	●
16	沔青村	上海市浦东新区康桥镇	●

江苏省历史文化名村（镇）、传统村落名单

序号	名 称	地 点	文保级别
1	同里镇	苏州市吴江区	●
2	黎里镇	苏州市吴江区	●
3	震泽镇	苏州市吴江区	●
4	桃源镇	苏州市吴江区	●
5	平望镇	苏州市吴江区	●
6	溪港	苏州市吴江区	●
7	龙泉嘴	苏州市吴江区	●
8	南厍	苏州市吴江区	●
9	甪直镇	苏州市吴中区	●
10	木渎镇	苏州市吴中区	●
11	东山镇	苏州市吴中区	●
12	光福镇	苏州市吴中区	●
13	陆巷	苏州市吴中区东山镇	●●●
14	翁巷村	苏州市吴中区东山镇	●
15	杨湾村	苏州市吴中区东山镇	●●●
16	三山村	苏州市吴中区东山镇	●●●
17	金庭镇	苏州市吴中区	●
18	明月湾	苏州市吴中区金庭镇	●●●
19	东村	苏州市吴中区金庭镇	●●●
20	徐湾	苏州市吴中区金庭镇	●
21	堂里	苏州市吴中区金庭镇	●●
22	衙角里村	苏州市吴中区金庭镇	●●
23	植里村	苏州市吴中区金庭镇	●●
24	东蔡村	苏州市吴中区金庭镇	●●
25	西蔡村	苏州市吴中区金庭镇	●
26	后埠村	苏州市吴中区金庭镇	●
27	舟山村	苏州市吴中区香山街道	●
28	周庄镇	苏州市昆山市	●
29	千灯镇	苏州市昆山市	●
30	锦溪镇	苏州市昆山市	●

序号	名　称	地　点	文保级别
31	巴城镇	苏州市昆山市	●●
32	歇马桥村	苏州市昆山市千灯镇	●
33	沙家浜	苏州市常熟市	●
34	古里镇	苏州市常熟市	●●
35	梅李镇	苏州市常熟市	●
36	尚湖镇	苏州市常熟市	●
37	李市村	苏州市常熟市白茆镇	●●
38	沙溪镇	苏州市太仓市	●●
39	浏河镇	苏州市太仓市	●
40	凤凰镇	苏州市张家港市	●●
41	金村	苏州市张家港市塘桥镇	●
42	恬庄	苏州市张家港市凤凰镇	●
43	荡口镇	无锡市锡山区	●
44	甘露镇	无锡市锡山区	●
45	严家桥	无锡市锡山区羊尖镇	●●
46	黄土塘	无锡市锡山区东湖塘镇	●
47	礼社	无锡市惠山区玉祁镇	●●●●
48	玉祁	无锡市惠山区玉祁镇	●
49	周新镇	无锡市滨湖区	●
50	南方泉	无锡市滨湖区	●
51	葛埭村	无锡市滨湖区太湖镇	●
52	大坊桥	无锡新区鸿山镇	●
53	鸿山西仓	无锡新区鸿山镇	●
54	周铁镇	无锡市宜兴市	●●
55	长泾镇	无锡市江阴市	●●
56	孟河镇	常州市新北区	●●
57	魏村	常州市新北区	●
58	焦溪村	常州市天宁区郑陆镇	●●●
59	雪堰镇	常州市武进区	●
60	夏溪	常州市武进区	●
61	寨桥	常州市武进区	●
62	余巷	常州市武进区横林镇	●
63	杨桥村	常州市武进区前黄镇	●●●
64	沙涨村	常州市溧阳市昆仑街道	●
65	宝堰镇	镇江市丹徒区	●
66	葛村	镇江新区丁岗镇	●
67	华山村	镇江新区姚桥镇	●●
68	儒里村	镇江新区姚桥镇	●●
69	延陵镇	镇江市丹阳市	●
70	九里村	镇江市丹阳市延陵镇	●●
71	柳茹村	镇江市丹阳市延陵镇	●●
72	淳溪镇	南京市高淳区	●●
73	漆桥村	南京市高淳区漆桥镇	●●●
74	杨柳村	南京市江宁区湖熟街道	●●●
75	佘村	南京市江宁区东山街道	
76	瓜洲镇	扬州市邗江区	●
77	湾头镇	扬州市广陵区	
78	临泽镇	扬州市高邮市	●
79	界首镇	扬州市高邮市	●
80	邵伯镇	扬州市江都区	●●
81	大桥镇	扬州市江都区	●●
82	溱潼镇	泰州市姜堰市	●
83	黄桥镇	泰州市泰兴市	●
84	沙沟镇	泰州市兴化市	●

序号	名　称	地　点	文保级别
85	余西村	南通市通州区二甲镇	● 中国传统村落 ● 中国历史文化名村（镇） ● 省级历史文化名村（镇）
86	广济桥社区	南通市通州区石港镇	● 中国传统村落
87	余东镇	南通市海门市	● 中国历史文化名村（镇）
88	栟茶镇	南通市如东县	● 中国历史文化名村（镇） ● 省级历史文化名村（镇）
89	白蒲镇	南通市如皋市	● 省级历史文化名村（镇）
90	河下镇	淮安市淮安区	
91	码头镇	淮安市淮阴区	● 省级历史文化名村（镇）
92	龟山村	淮安市洪泽县老子山镇	● 中国传统村落
93	安丰镇	盐城市东台市	● 中国历史文化名村（镇） ● 省级历史文化名村（镇）
94	富安镇	盐城市东台市	● 中国历史文化名村（镇） ● 省级历史文化名村（镇）
95	时堰镇	盐城市东台市	● 省级历史文化名村（镇）
96	草堰村	盐城市大丰市草堰镇	● 中国传统村落
97	皂河镇	宿迁市湖滨新城	
98	窑湾镇	徐州市新沂市	● 省级历史文化名村（镇）
99	城南镇	连云港市新浦区	
100	尹宋村	连云港经济开发区朝阳镇	

注：

- ● 中国传统村落
- ● 中国历史文化名村（镇）
- ● 省级历史文化名村（镇）
- ● 市级历史文化名村（镇）

图书在版编目（CIP）数据
中华古村落·上海、江苏卷 / 雍振华著. -- 南京 :江苏凤凰教育出版社, 2018.11
ISBN 978-7-5499-7730-7
Ⅰ. ①中… Ⅱ. ①雍… Ⅲ. ①村落－介绍－上海②村落－介绍－江苏 Ⅳ. ①K928.5
中国版本图书馆CIP数据核字(2018)第255362号

书　　名　中华古村落·上海、江苏卷
作　　者　雍振华
责任编辑　徐金平
装帧设计　周　晨
出版发行　江苏凤凰教育出版社（南京市湖南路1号A楼　邮编 210009）
苏教网址　http://www.1088.com.cn
照　　排　南京新华丰制版有限公司
印　　刷　上海雅昌艺术印刷有限公司
厂　　址　上海市嘉定区嘉罗公路1022号
开　　本　889mm×1194mm　1/16
印　　张　20.125
版　　次　2018年11月第1版　　2018年11月第1次印刷
书　　号　ISBN 978-7-5499-7730-7
定　　价　460.00元
网店地址　http://jsfhjycbs.tmall.com
公 众 号　江苏凤凰教育出版社（微信号：jsfhjyfw）
邮购电话　025-85406265,025-85400774,短信 02585420909
盗版举报　025-83658579